AF645500

Prüfungstraining

Deutsch-Test für den Beruf B2

Ines Hälbig
Anke Kuhnecke
Mehmet Cifci

telc gGmbH
Bad Homburg

Prüfungstraining
Deutsch-Test für den Beruf B2
Autor:innen Ines Hälbig, Anke Kuhnecke, Mehmet Cifci
Testautorinnen Ingrid Dressel, Ines Hälbig, Cornelia Völke
Illustrationen Lisa Frühbeis
Mitarbeit Ingrid Dressel, Christian Langrock, Silvia Minge
Satz und Korrektorat Christiane Manz
Tonaufnahmen ten7.ton.studio

Weitere Informationen zum Lehrwerk finden Sie unter:
www.telc.net/lehrmaterialien

1. Auflage[4] 2025

www.telc.net
Printed in Germany

telc Order-Nr.: V01-4004-TPR-2201A
ISBN: 978-3-946447-95-5

	Einführung	4
1	**Lesen Teil 1** Auf Jobsuche	6
2	**Lesen Teil 2** Vorschriften und Regelungen	14
3	**Lesen Teil 3** Rechte und Pflichten am Arbeitsplatz	22
4	**Lesen Teil 4** Besprechungen und Protokolle	30
5	**Lesen und Schreiben** Mängel und Beschwerden	38
6	**Hören Teil 1** Abläufe am Arbeitsplatz	46
7	**Hören Teil 2** Berufsalltag in Deutschland	52
8	**Hören Teil 3** Im Betrieb	58
9	**Hören Teil 4** Organisatorisches	64
10	**Hören und Schreiben** Kontakte mit Kunden	70
11	**Sprachbausteine Teil 1** Rund um die Bewerbung	76
12	**Sprachbausteine Teil 2** Anfragen, Angebote und Aufträge	80
13	**Schreiben** Arbeit und Familie	84
14	**Sprechen Teil 1** Ein neuer Beruf	92
15	**Sprechen Teil 2** Smalltalk am Arbeitsplatz	98
16	**Sprechen Teil 3** Gemeinsam Probleme lösen	104
	Übungstest 1 ***Deutsch-Test für den Beruf B2***	110
	Übungstest 2 ***Deutsch-Test für den Beruf B2***	130
	Informationen zur Prüfung	150

Wichtige Abkürzungen und Symbole

bzw.	beziehungsweise
ca.	circa (= ungefähr)
d. h.	das heißt
etc.	et cetera (= und so weiter)
u. a.	unter anderem
z. B.	zum Beispiel

 13 Aufgabe zum Hörverstehen mit Trackangabe

 Abschnitt der Lektion zur Prüfungsvorbereitung

Hinweise zur Arbeit mit diesem Prüfungstraining

Das **Prüfungstraining Deutsch-Test für den Beruf B2** bereitet Kursteilnehmende in B2-Basiskursen mit und ohne Brückenelement intensiv auf die Abschlussprüfung *Deutsch-Test für den Beruf B2* vor. Die Teilnehmenden üben anhand von Prüfungsaufgaben und erlernen wichtige Strategien und Techniken zum Lösen der einzelnen Prüfungsteile. Sie erarbeiten Schritt für Schritt, wie jede der 16 Prüfungsaufgaben funktioniert und worauf besonders zu achten ist.

Jede Lektion des Prüfungstrainings

- wiederholt den prüfungsrelevanten Wortschatz zu einem Handlungsfeld aus dem BAMF-Rahmencurriculum für den B2-Berufssprachkurs.
- thematisiert und übt detailliert eine der 16 Prüfungsaufgaben.
- beinhaltet Übungen, die schrittweise an die Prüfungsaufgabe heranführen.
- vermittelt hilfreiche Tipps und Strategien zum Lösen der Aufgaben.
- enthält eine Prüfungsaufgabe.

Die einzelnen Lektionen des Prüfungstrainings beschäftigen sich mit den verschiedenen Teilen der Prüfung *Deutsch-Test für den Beruf B2.*

Dabei steht zunächst das Vokabular des jeweiligen Handlungsfeldes im Fokus. Vielfältige Wortschatzübungen stellen sicher, dass das für die Prüfung relevante Vokabular ausreichend trainiert wird. Offene Wortschatzübungen wie Mindmaps, Tabellen oder Lernplakate regen die Teilnehmenden dazu an, sich eigenständig intensiv mit dem gelernten Wortschatz auseinanderzusetzen und diesen zu erweitern.

Der zweite Abschnitt einer jeden Lektion legt den Fokus gezielt auf das Strategietraining zur jeweiligen Prüfungsaufgabe.

Die Lektionen 5 und 13 zu den Prüfungsteilen *Lesen und Schreiben* bzw. *Schreiben* enthalten zusätzlich authentische Lernerleistungen, um die Bewertung der Prüfung und das angestrebte Niveau nachvollziehen zu können. Die Kursteilnehmenden haben so die Möglichkeit, ihre eigene Leistung mit der bewerteten Lernerleistung zu vergleichen und ihre Schreibkompetenz zu verbessern. Sie üben damit auch, ihre Sprachkenntnisse selbstständig einzuschätzen. Die Bewertung dazu finden Sie bei den „Informationen zur Prüfung".

Das Prüfungstraining unterstützt Lehrkräfte bei der Gestaltung eines abwechslungsreichen und binnendifferenzierenden Unterrichts. Dabei helfen folgende grafische Elemente:

Schon gewusst? — An dieser Stelle werden relevante Informationen zum Aufbau der Prüfungsaufgabe zusammengefasst.

So geht's — An dieser Stelle werden relevante Strategien für die Bewältigung der Prüfungsaufgabe aufgeführt. So sehen Lernende und Lehrende auf einen Blick, worauf es bei diesem Aufgabentyp ankommt.

Nicht vergessen! — Hier wird auf bereits zuvor Gelerntes verwiesen, das durch die Wiederholung gefestigt wird.

Zusätzlich zum Training in den Lektionen kann das Erlernte an zwei Übungstests abschließend überprüft werden. Auch an das Ausfüllen des Antwortbogens wird langsam herangeführt: Im Übungstest 1 finden die Teilnehmenden den entsprechenden Ausschnitt aus dem Antwortbogen direkt neben der Aufgabe, für den Übungstest 2 steht der Antwortbogen kostenlos als Download zur Verfügung, sodass die Prüfungssituation simuliert werden kann.

Ausgewählte Informationen zur Prüfung wie die Bewertungskriterien zu den Subtests *Schreiben* und *Sprechen* sowie die Punkteverteilung helfen den Kursleitenden dabei, sich einen Überblick über das Prüfungsformat zu verschaffen und die Teilnehmenden optimal vorzubereiten.

In unserem kostenlosen Downloadbereich befinden sich auch die Audiodateien, die Hörtexte und Lösungen zu allen Übungen.

www.telc.net/lehrmaterialien/downloadbereich/

Die Audiodateien finden Sie auch in der App **telc Deutsch-Box**, mit der Sie und Ihre Teilnehmenden die Audios direkt über das Smartphone abspielen können. Diese finden Sie zum kostenlosen Download in Ihrem Appstore.

JETZT BEI Google Play — Laden im App Store

Das **Prüfungstraining Deutsch-Test für den Beruf B2** bietet sich sowohl für ein intensives Prüfungstraining im letzten Abschnitt des Basiskurses als auch für ein begleitendes Prüfungstraining in der letzten Hälfte des Kurses an.

1 Arbeit suchen und Karriere machen

a Bilden Sie acht Wörter, die zum Thema „Wege in den Beruf“ gehören. Notieren Sie sie mit Artikel.

Selbst ~~Wei~~ keit bil Be sie Quer Spe
beits ~~dung~~ a rufs dung rung
Aus ein li ~~bil~~ um Ar schluss le ab
stei stän ~~ter~~ zi Stu stel dig di ger

1 die Weiterbildung, ……………………………………

……………………………………

b Was fehlt? Ergänzen Sie die Wörter.

Anerkennung | Arbeitgeber | Arbeitssuchende | Auszubildende | Berufsabschluss | Branchen | Kompetenzen | Mindestlohn | Online-Portal | Bescheid

Initiativ bewerben – aber wie?

Es gibt viele Wege, eine neue Arbeitsstelle zu finden. Eine Möglichkeit ist, den potenziellen neuen ……1…… über ein Stellengesuch zu finden. ……2…… können auf diesem Weg ihre Arbeitskraft anbieten, ihre ……3…… und Erfahrungen beschreiben und diese Texte dann entweder digital in einem ……4…… oder in einer Tageszeitung veröffentlichen.

Mit ausländischem Abschluss in Deutschland arbeiten

Berufliche ……5…… bedeutet, dass ein ausländischer ……6…… rechtlich gleichwertig mit einem deutschen Abschluss ist. Dafür muss man ein gesetzlich geregeltes Verfahren durchlaufen, an dessen Ende man einen offiziellen ……7…… erhält. Für bestimmte Berufe und Weiterbildungen ist dieser Prozess zwingend notwendig, für andere freiwillig.

Damit das Geld für alle reicht

In Deutschland gibt es seit dem 1. Januar 2015 einen allgemeinen gesetzlichen ……8……. Er gibt die unterste Gehaltsgrenze vor und gilt grundsätzlich für alle ……9…… und Regionen in Deutschland und für nahezu alle Arbeitnehmerinnen und Arbeitnehmer. Ausgenommen sind nur Personengruppen wie ……10……, Langzeitarbeitslose und teilweise Praktikantinnen bzw. Praktikanten.

c Welches Verb passt? Kreuzen Sie an.

		a	b	c
1	ein Unternehmen	☐ kündigen	☐ gründen	☐ beschäftigen
2	sich selbstständig	☐ werden	☐ arbeiten	☐ machen
3	die Meisterprüfung	☐ ausüben	☐ berechtigen	☐ ablegen
4	sich beruflich neu	☐ orientieren	☐ erhalten	☐ arbeiten
5	eine Qualifikation	☐ erwerben	☐ bewerben	☐ feststellen
6	freiberuflich	☐ arbeiten	☐ bewerben	☐ schulen

d Welche Erklärung passt zu welchem Begriff? Ordnen Sie zu.

1 Berufsausbildung
2 Meisterausbildung
3 Spezialisierung
4 Fort-/Weiterbildung
5 Studium

a Hierbei handelt es sich um eine sogenannte Aufstiegsfortbildung, die auf eine abgeschlossene Berufsausbildung aufbaut und mit einem anerkannten Abschluss endet.

b Das dient der Schulung von Mitarbeiterinnen und Mitarbeitern in Betrieben. Sie erweitern damit ihre Fachkenntnisse.

c So wird jede Form von Ausbildung bezeichnet, die einem ermöglicht, einen bestimmten Beruf auszuüben.

d Darunter versteht man das wissenschaftliche Lernen an Universitäten und anderen Hochschulen.

e Das bezeichnet die Ausrichtung auf ein bestimmtes Fachgebiet. Man erwirbt dafür entsprechende Kenntnisse und Fähigkeiten.

e Ordnen Sie die Wörter aus 1a–c den drei Kategorien zu. Ergänzen Sie die Mindmaps mit möglichst vielen anderen Wörtern.

So geht's

Mindmaps unterstützen das Lernen, weil sie visuell einprägsam sind und Informationen in Kategorien ordnen. Außerdem werden Informationen in Stichworten zusammengefasst, was eine hilfreiche Verarbeitungs- und Verstehensstrategie darstellt.

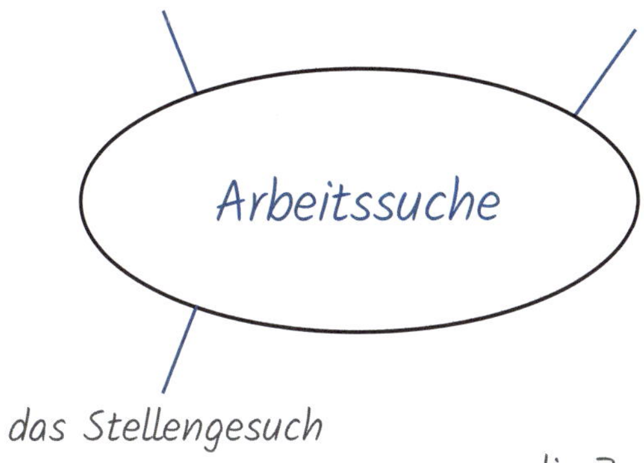

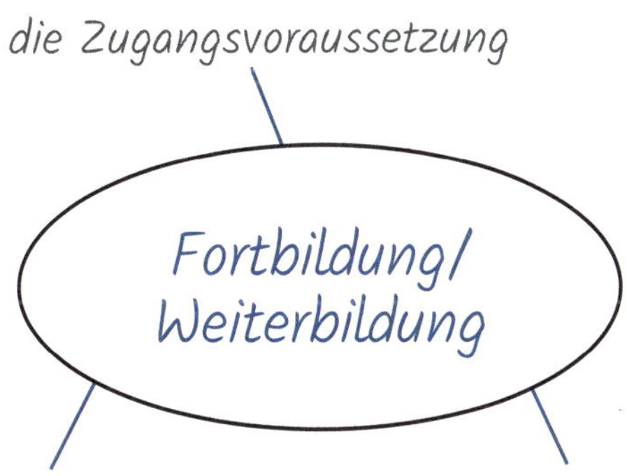

2 Berufliche Situationen verstehen

Schon gewusst?

In der Prüfungsaufgabe **Lesen Teil 1** finden Sie zuerst kurze Informationen zu fünf Personen. Diesen fünf Personen müssen Sie dann jeweils einen von acht Texten zuordnen, d. h. drei Texte passen zu keiner Person.

a Welche Probleme haben die folgenden Personen? Lesen Sie und markieren Sie die Schlüsselwörter, die auf die Probleme verweisen.

1 Kevin

Seit fast 30 Jahren arbeite ich als Mechaniker. In meiner Firma beginnt jetzt die Umstellung auf digital gesteuerte Werksabläufe. Wenn ich jetzt keine Weiterbildung besuche, kann ich nicht länger meinen Beruf ausüben. Aber ehrlich – mit über 50 noch mal auf die Schulbank? Das stelle ich mir schwierig vor.

2 Steven

Ich möchte unbedingt in einer internationalen Spedition tätig werden. Ich habe einen guten Schulabschluss und bringe bereits Berufserfahrungen auch im nicht europäischen Ausland mit. Darüber hinaus spreche ich neben Englisch auch noch Französisch und Arabisch. Aber ich fürchte, dass ich im Bewerbungsgespräch nicht gut abschneide. Mein Deutsch ist noch nicht sicher und wenn ich aufgeregt bin, fallen mir die richtigen Wörter nicht ein.

3 Edda

Unsere Kita hat sich vor einigen Jahren für die Betreuung von Kindern mit besonderem Förderbedarf entschieden. Ich finde es schön, in einer Inklusionskita zu arbeiten. Aber ich habe das Gefühl, dass dafür meine Ausbildung als Erzieherin nicht ausreicht. Aus diesem Grund bin ich jetzt auf der Suche nach einer Spezialisierung.

4 Hannes

Ich habe eine Ausbildung als Verkäufer abgeschlossen und war viele Jahre in dem Beruf tätig. Seit einiger Zeit merke ich, dass mich meine Arbeit nicht mehr ausfüllt. Ich möchte gerne etwas Neues lernen und mich neuen Herausforderungen stellen. Möglicherweise ist das sogar ein ganz anderer Beruf. Allerdings möchte ich in meinem Alter nicht noch einmal eine komplette Ausbildung durchlaufen.

b Lesen Sie noch einmal und schreiben Sie zu jeder Person einen Satz, der die Situation beschreibt.

Kevin *ist über 50 Jahre alt und soll sich fortbilden, um mit neuen Technologien arbeiten zu können.*

Steven ……

Edda ……

Hannes ……

c Welche Überschrift eines Zeitungsartikels passt zu welcher Person? Ordnen Sie zu. Vier Überschriften passen zu keiner Person.

1 Berufliche Neuorientierung als Chance ....
2 Traumjob Verkäufer: Bewerbung mit wenigen Klicks ....
3 Kita: Der Schlüssel zu guter Bildung ....
4 Quereinsteiger mit Speditionserfahrung gefragt wie nie ....
5 Sprachkenntnisse erhöhen Chancen auf dem Arbeitsmarkt ....
6 Weiterbildung im digitalen Zeitalter: Für wen lohnt es sich? ....
7 Wie kann man Vorstellungsgespräche meistern? ....
8 Zukunft der sozialen Berufe: Fachspezialisierungen für Erzieherinnen ....

3 Journalistische Texte verstehen

a Lesen Sie diese fünf Beiträge eines Online-Wirtschaftsportals. Ordnen Sie jedem Textanfang das richtige Ende zu.

1 ☐

Zu den innovativen Businessportalen speziell für das Handwerk gehört auch das frisch gestartete Portal *youcan*. Es bietet nicht nur die Möglichkeit zur Vernetzung in Form von Foren, Diskussionsgruppen oder offenen Sprechstunden, sondern auch vielfältige Weiterbildungsmöglichkeiten an.

2 ☐

In der aktuellen Ausgabe unseres Newsletters hat sich der Personalberater Jürgen Müller verschiedene Bewerbungstrainings einmal genauer angesehen und sowohl kostenlose auch als kostenpflichtige Angebote für Sie verglichen.

3 ☐

Diese Woche ist unsere Interviewpartnerin Nasrin Saidi, die mit 19 Jahren bereits eine internationale Firma gegründet hat. Schon in frühester Kindheit hat sie im gut laufenden Familienunternehmen der Eltern geholfen.

4 ☐

Sie üben seit Jahren dieselbe Tätigkeit aus und spielen deshalb seit einiger Zeit mit dem Gedanken, sich beruflich umzuorientieren? Oder Sie überlegen, sich selbstständig zu machen?

5 ☐

Immer mehr Kitas setzten auf Inklusion und bieten gemeinsame Betreuung von Kindern mit und ohne Behinderung an. In unserer Reportage begleiten wir eine junge Erzieherin aus einer solchen Einrichtung in ihrem Berufsalltag.

a Heute gehört sie zu den namenhaften Unternehmer*innen, die für ihr soziales Engagement und nachhaltiges Handeln mehrfach ausgezeichnet wurden. Lesen Sie hier das Interview, das wir anlässlich der Verleihung des Deutschen Engagementpreises mit ihr geführt haben.

b Sie erfahren dabei viel über die Anforderungen an Erzieherinnen und Erzieher und auch darüber, welche Spezialsierungen Erzieher*innen ins Auge fassen sollten, um Kinder mit besonderem Förderbedarf optimal zu betreuen.

c Wichtig ist dabei auch das Angebot von Beratungen mit dem Schwerpunkt „Digitalisierung der Arbeitswelt". Die Beratung richtet sich speziell an interessierte Fachkräfte, die nicht sicher sind, ob der digitalisierte Arbeitsmarkt das Richtige für sie ist.

d Unsere Karriereberaterinnen und -berater helfen Ihnen, neue Perspektiven zu finden. Egal, ob Umschulung oder kompletter Neustart – hier wird Ihnen bei Ihren ersten Schritten in einen neuen Beruf oder in die Freiberuflichkeit geholfen.

e Vor allem im Bereich Service gibt es große Unterschiede. Einige Anbieter unterstützen die Bewerberinnen und Bewerber lediglich beim Zusammenstellen der Unterlagen und gegebenenfalls auch bei der Beglaubigung von Zeugnissen. Andere bieten darüber hinaus auch professionelle Trainings für das Vorstellungsgespräch oder sogar Unterstützung im Anerkennungsprozess an.

Schon gewusst?

In diesem Prüfungsteil erhalten Sie acht kurze journalistische Texte, die aus einer Überschrift und einem Textanfang bestehen. Die Texte beinhalten Informationen zum Arbeitsmarkt.

Jede Überschrift liefert bereits Hinweise auf das Thema des Textes. Lesen Sie also als Erstes alle Überschriften zur Orientierung und überlegen Sie schnell, worum es in jedem Text gehen könnte.

b Worum geht es in den Texten aus 3a? Formulieren Sie passende Überschriften für jeden Text. Vergleichen Sie im Kurs.

Es geht um ... Deshalb passt als Überschrift vielleicht ...

4 Den Situationen passende Texte zuordnen

a Welches Bild passt zu welcher Überschrift? Ordnen Sie zu. Zu einigen Fotos passen mehrere Überschriften.

1 ....

2 ....

3 ....

4 ....

5 ....

a Verdienen Sie das, was Sie verdienen?
b Online-Weiterbildung: immer und überall
c Rente aufbessern – wie geht das?
d Online auch mit dem Berufscoach
e Schnell und sicher von A nach B
f Immer schneller – muss das sein?
g Finanzielle Risiken im Alter
h Der Traum vom eigenen Laden

b Welche Überschrift aus 4a passt zu den folgenden Texten? Ordnen Sie zu. Begründen Sie Ihre Auswahl mit Schlüsselwörtern aus den Texten.

1 ....

Heutzutage stellt sich für viele die Frage, ob die gesetzliche Rente für ein zufriedenes Leben im Alter ausreicht. Der Rentenanspruch kann auf verschiedene Weise erhöht werden, damit Sie sich auch im Alter einen besseren Lebensstandard leisten können. Lesen Sie hier die Tipps unseres Experten.

2 ....

Berufsberatung geht jetzt auch online. Innovatives Berufscoaching beginnt bei Ihren Stärken und endet bei Ihren ganz persönlichen Zielen, aber anders als sonst helfen hier auf Sie zugeschnittene Online-Umfragen und Tests. Mehr darüber erfahren Sie in unserem Beitrag.

3 ....

Arbeitnehmerinnen und Arbeitnehmer stellen sich die Frage, ob sie für ihre Tätigkeit angemessen entlohnt werden. Wichtig ist dabei, die branchenüblichen Gehälter zu kennen – im Internet finden sich zahllose Gehaltsvergleichsrechner, die eine Orientierung geben. Auf welche weiteren Faktoren man achten sollte, erklärt unsere Finanzfachfrau Gundula Krause.

4 ....

Internationale Speditionen stehen vor großen Herausforderungen. Wer jetzt nicht auf digitale Logistiktechnologie mit Online-Buchung, digitalen Checklisten und modernsten Kommunikationslösungen setzt, verliert den Anschluss. Wie Firmen ihr logistisches Know-how auf ein leistungsstarkes Niveau bringen und den Transport auf der Straße meistern, können Sie in unserem Erfahrungsbericht nachlesen.

5 ....

Blumen verkaufen ist ihre Leidenschaft. Also hat sich Tan ihren Traum erfüllt und ihren eigenen Blumenladen eröffnet. Mit Kreativität, Unternehmergeist und einem Sinn für ausgefallene Serviceideen ist sie nun schon seit zwei Jahren ein Anziehungspunkt in der Stadt. In unserem Interview erzählt Tan über den Weg von der Gründung bis heute.

c Welcher Text aus 4b passt zu welcher Person? Ordnen Sie zu.

So geht's

Unterstreichen Sie zuerst die Schlüsselwörter in den Aussagen zu den Personen. Suchen Sie dann gezielt nach dem Text, der am besten passt.

a ☐ Kate interessiert sich für ihre finanzielle Absicherung im Alter.
b ☐ Hassan möchte sich bei einem Logistikunternehmen bewerben und will sich darauf vorbereiten.
c ☐ Chris möchte eine Gehaltserhöhung und will sich über branchenübliche Gehälter informieren.

5 Prüfungsaufgabe: Lesen Teil 1

Sie lesen online in einer Wirtschaftszeitung und möchten Ihren Freunden einige Artikel schicken. Entscheiden Sie, welcher Artikel a–h zu welcher Person 1–5 passt. Markieren Sie Ihre Lösungen.

	a	b	c	d	e	f	g	h
1	☐	☐	☐	☐	☐	☐	☐	☐
2	☐	☐	☐	☐	☐	☐	☐	☐
3	☐	☐	☐	☐	☐	☐	☐	☐
4	☐	☐	☐	☐	☐	☐	☐	☐
5	☐	☐	☐	☐	☐	☐	☐	☐

1 Alexandru überlegt, sich mit einem Partyservice selbstständig zu machen.
2 Johanna will nach ihrem Realschulabschluss einen technischen Beruf erlernen.
3 Katrin sucht nach 20 Jahren Büroarbeit eine neue Tätigkeit.
4 Lars ist ausgebildeter Dachdecker und möchte in seinem Beruf Karriere machen.
5 Navin hat einen Uniabschluss aus Indien und möchte in Deutschland arbeiten.

a MINT für Mädchen

Mathematik, Informatik, Naturwissenschaften, Technik gelten immer noch als Männerdomänen – aber die Zeiten ändern sich. Beweis dafür ist das überwältigende Interesse junger Frauen am ersten Tag der diesjährigen Ausbildungsmesse, bei der (Fach-)Hochschulen und Unternehmen ihre MINT-Studienfächer und Ausbildungsberufe vorstellen. Das weitere Programm finden Sie hier.

mehr ...

b Fürs Leben lernen

Bei „START-UP Junior" gründen Schüler*innen ihre eigene Firma, verkaufen Produkte oder bieten Dienstleistungen an – und verdienen sogar Geld damit. Hier erklärt der Projektleiter Paulo Goncalves, wie junge Menschen mit unternehmerischem Denken vertraut gemacht werden und lernen, Verantwortung zu übernehmen.

mehr ...

c Neue Podcastfolge

Ahmed El-Shamy kam aus Ägypten nach Deutschland. Nach mehreren Sprachkursen und der Anerkennung seines Diploms arbeitet er heute als Ingenieur. In unserem heutigen Podcast erzählt er von seinem beruflichen Werdegang und gibt internationalen Fachkräften und Akademiker*innen, die in Deutschland durchstarten möchten, wertvolle Tipps.

mehr ...

d Persönliches Coaching

Wie viele Leute kennen Sie, die schon jahrelang denselben Job machen und damit zufrieden sind? Niemanden? Kein Wunder. Veränderung gehört zum Leben – auch zum Arbeitsleben. Erfahren Sie hier, wie Sie den richtigen Coach finden, der Ihnen neue Perspektiven eröffnet.

mehr ...

e Wieder eine Fortbildung?

Mitarbeitende wissen oft nicht, wozu sie sich weiterbilden sollen: Sie machen schließlich ihren Job schon seit Jahren und wollen keine Karriere machen. Diese Meinung hört man häufig in Betrieben. Lesen Sie hier, wie Sie geeignete Fortbildungen für Ihre Mitarbeitenden auswählen.

mehr ...

f Tausendundeine Frage

Wie viel Startkapital brauche ich? Muss ich einen Businessplan schreiben? Wie finde ich gutes Personal? Wer eine Firma gründen möchte, hat anfangs viele Fragen. Antworten gibt's hier von den Experten.

mehr ...

g Kaufmann/-frau: der absolute Klassiker

Kaufmännische Berufe sind nach wie vor populär: Sie bieten abwechslungsreiche Tätigkeiten, sind in den unterschiedlichsten Branchen zu finden und in der Wirtschaft überall gefragt. Auch die Verdienstmöglichkeiten sind attraktiv. Hier finden Sie die zehn beliebtesten Bürojobs.

mehr ...

h Qualifikationen, die sich lohnen

Auch Handwerker haben Aufstiegsmöglichkeiten! Mit erfolgreich abgeschlossener Berufsausbildung kann man sich für leitende Positionen qualifizieren oder selbstständig machen. Mehr über die Meisterausbildung und andere weiterführende Ausbildungen erfahren Sie beim kostenlosen Informationstag.

mehr ...

1 Bestimmungen am Arbeitsplatz

a Welche Erklärung passt zu welchem Begriff? Ordnen Sie zu.

1 Lebensmittellagerung
2 Sicherheitsmaßnahmen
3 Schutzkleidung
4 Kalenderjahr
5 Urlaubsanspruch
6 Desinfektionsmittel

a Kleidung, die vor bestimmten Risiken schützt
b garantiert die bezahlte Freizeit, die der Wiederherstellung und Erhaltung der Arbeitskraft des Arbeitnehmers dienen soll
c chemische Substanzen, mit deren Hilfe man Flächen, Werkzeuge oder die Haut von Keimen befreien kann
d Regelungen, die dem Schutz von Gegenständen und Personen dienen
e Aufbewahrung von Dingen zum Verzehr, damit sie zeit- und saisonunabhängig zur Verfügung stehen, ohne zu verderben
f die Zeit vom 1. Januar bis zum 31. Dezember, die 365 Tage und in Schaltjahren 366 Tage beträgt

b Was gehört zu welchem Thema? Ordnen Sie die Wörter aus 1a folgenden Oberbegriffen zu.

Hygiene	Arbeitszeit	Sicherheitsbestimmungen

So geht's

Sie können zur Wortschatzerweiterung ABC-Listen anfertigen. Wählen Sie dafür ein Oberthema und suchen Sie zu jedem Buchstaben des Alphabets ein zu dem Thema gehöriges Wort. So können Sie den relevanten Wortschatz sammeln.

c Ergänzen Sie die Wörter zum Thema „Hygiene".

achten | Arbeitskleidung | desinfizieren | einhalten | Gastronomie | Händehygiene | Hygienevorschriften | lagern | Sauberkeit | Umgang

Hygiene ist das A und O in der ....1........ . Alle, die in der Küche arbeiten, müssen besonders auf Sauberkeit ....2........ und stets ....3........ tragen.

Für jedes Küchenteam sind ....4........ besonders wichtig. Alle müssen sie kennen und ....5........ .

Der sachgerechte ....6........ mit Lebensmitteln ist sicherzustellen. Vor allem frische Lebensmittel muss man ordnungsgemäß ....7........ . Außerdem ist es wichtig, die Arbeitsgeräte regelmäßig zu ....8........ .

Außerdem ist nicht nur in der Küche selbst auf ....9........ und Hygiene zu achten. Auch auf die persönliche Körperhygiene, einschließlich der ....10........ , jedes Einzelnen ist zu achten.

d Was gehört zusammen? Verbinden Sie.

1 Die tägliche Arbeitszeit
2 Die tägliche Mittagspause
3 Die wöchentliche Arbeitszeit
4 Der Urlaubsanspruch
5 Ein Ruheraum
6 Einen Freizeitausgleich

a gilt für das laufende Kalenderjahr.
b steht den Mitarbeitern zur Verfügung.
c sollte man bei Bedarf in Anspruch nehmen.
d beträgt 40 Stunden.
e beträgt 8 Stunden.
f dauert von 12:30 bis 13 Uhr.

e Welches Verb passt nicht? Streichen Sie durch.

1	die Maschine	einschalten — beenden — anmachen
2	den Motor	ölen — ausbauen — laufen
3	den Schalter	bedienen — betätigen — abdrehen
4	das Gerät	warten — überprüfen — verfügen
5	eine Störung	anrufen — melden — beheben
6	eine Anleitung	verstehen – unterweisen – befolgen
7	das Material	auffüllen – prüfen – ausschalten

f Was sind weitere Themen, die am ersten Arbeitstag besprochen werden? Sammeln Sie im Kurs und notieren Sie.

....

....

....

Schon gewusst?

In der Prüfungsaufgabe **Lesen Teil 2** müssen Sie zwei Texte lesen, die Informationen für neue Mitarbeiterinnen und Mitarbeiter in einem Unternehmen enthalten. Zu beiden Texten müssen Sie je zwei Aufgaben lösen, bei denen es um **Detailverstehen** geht: eine Richtig/Falsch-Aufgabe und eine Multiple-Choice-Aufgabe.

2 Willkommensmappen verstehen

So geht's

Um die Aufgaben zu lösen, ist es hilfreich, zuerst die Schlüsselwörter in den Aufgaben zu markieren. Suchen Sie zu diesen Schlüsselwörtern dann gezielt passende Stellen im Text. Anschließend überprüfen Sie, ob die Aussagen auch wirklich so im Text stehen.

a Lesen Sie den Text in einer Willkommensmappe und die Aufgaben dazu. Sind die Aussagen richtig oder falsch? Kreuzen Sie an.

Willkommensmappe für neue Mitarbeiterinnen und Mitarbeiter

Unsere Hygienevorschriften in der Hotelküche

Die persönliche Hygiene wird bei uns großgeschrieben. Ein sauberes und gepflegtes Äußeres ist für die Mitarbeiter in der Küche verpflichtend. Die Fingernägel sind sauber und kurz geschnitten zu halten und dürfen nicht lackiert sein. Außerdem ist die private Kleidung strikt von der Arbeitskleidung zu trennen. Ihnen stehen im Kellergeschoss Umkleide- und Duschräume zur Verfügung. Um einen Schlüssel für Ihren persönlichen Schrank und Ihre Arbeitskleidung zu erhalten, kontaktieren Sie Frau Wagner.

Der Küchenbereich und der Gang zur Theke sind durch die Mitarbeiter der Küche hygienisch sauber zu halten. Gänge und Küchenoberflächen sind stets von Gegenständen freizuhalten, daher sind Kartons umgehend zu entsorgen.

Kritische Lebensmittel wie rohes Fleisch, Geflügel oder Ei müssen getrennt von anderen Lebensmitteln verarbeitet und aufbewahrt werden. Jeder Mitarbeiter in der Küche hat darauf zu achten, dass die Geräte täglich gereinigt und desinfiziert werden. Reinigungs- und Desinfektionsmittel werden in den dafür vorgesehenen Gefäßen aufbewahrt und im Putzmittelraum gelagert. Wenn etwas fehlt, geben Sie bitte Herrn Simcic Bescheid.

		✓	✗
1	Frau Wagner kontrolliert die Arbeitskleidung.	☐	☐
2	Kleine Kartons dürfen im Gang stehen.	☐	☐
3	Tierische Lebensmittel müssen gesondert gelagert werden.	☐	☐
4	Herr Simcic ist zuständig für die Putzmittel.	☐	☐

b Was stimmt nicht? Korrigieren Sie die falschen Antworten aus 2a.

So geht's

Sie haben für die Lesetexte in der Prüfung wenig Zeit. Halten Sie sich daher nicht mit unbekannten Wörtern auf. Versuchen Sie Unbekanntes aus dem Kontext zu erschließen.

c Lesen Sie den Text sowie die Aufgaben dazu. Welche Aussage (a, b oder c) passt am besten? Kreuzen Sie an.

Willkommensmappe für neue Mitarbeiterinnen und Mitarbeiter

Arbeitszeiten (Urlaub und Überstunden)

Damit Sie sich in Ihrer neuen Arbeitsstelle bei uns wohlfühlen, erhalten Sie hier einige wichtige Informationen zu den in unserem Haus üblichen Arbeitszeiten.

Die wöchentliche Arbeitszeit beträgt 40 Stunden, wobei an fünf Tagen pro Woche gearbeitet wird. Die regelmäßige tägliche Arbeitszeit beträgt maximal acht Stunden. Die Arbeitszeit gilt ausschließlich der Essens- und Ruhepausen. Die Pausenzeiten müssen mit den anderen Mitarbeiterinnen und Mitarbeitern, die im Dienst sind, abgesprochen werden. Sie können den Gemeinschaftspausenraum in der 1. Etage nutzen. Der Ruheraum im Erdgeschoss steht lediglich denjenigen zur Verfügung, die in Spät- und Nachtschicht arbeiten.

Wenn über die regelmäßige Arbeitszeit hinaus gearbeitet wird, ist diese zusätzliche Arbeitszeit innerhalb von drei Monaten in Freizeit auszugleichen. Bitte melden Sie sich bei Frau Golobek, wenn Sie den Freizeitausgleich in Anspruch nehmen möchten. Wenn kein Freizeitausgleich in Anspruch genommen wird, wird die angesammelte Arbeitszeit mit dem jeweiligen Mehrarbeitszuschlag ausgezahlt.

Der Dienstplan hängt jeweils ab Donnerstag für die kommende Woche aus.

1 Die Pausen
- a ☐ können im Ruheraum verbracht werden.
- b ☐ müssen im Team abgesprochen werden.
- c ☐ sind in der Arbeitszeit enthalten.

2 Die Überstunden
- a ☐ können ausgezahlt werden.
- b ☐ können im nächsten Jahr in Freizeit ausgeglichen werden.
- c ☐ werden von Frau Golobek genehmigt.

Schon gewusst?

In diesem Prüfungsteil ist gefragt, dass Sie verschiedene Details des Textes und ihre Bedeutung im Textzusammenhang verstehen. Lesen Sie also den Text Satz für Satz. Manchmal gibt es ganz kleine Unterschiede, die man schnell überliest.

3 Mit Sicherheitsvorschriften umgehen

a Lesen Sie den Text. Welches Bild passt zu welchem Textabschnitt? Ordnen Sie zu.

Willkommensmappe für neue Mitarbeiterinnen und Mitarbeiter

Sicherheitsmaßnahmen für das Arbeiten an den Maschinen

1. An den Maschinen darf nur mit der entsprechenden Schutzkleidung inklusive Gehörschutz gearbeitet werden. Melden Sie sich bitte zwischen 9 und 11 Uhr bei Frau Gorbunova, um Ihre Schutzkleidung in Empfang zu nehmen. Fehlende oder unzureichende Schutzkleidung hat den Ausschluss von der Arbeit und somit einen unentschuldigten Arbeitstag zur Folge.
2. Sicherheitsgefährdende Gegenstände wie Ringe, Armbänder, Halsketten, Armbanduhren dürfen bei der Arbeit an den Maschinen nicht getragen werden. Langes Haar muss zusammengebunden werden. Der Werkstattleiter Herr Meissner wird Sie diesbezüglich heute Nachmittag unterweisen.
3. Das Arbeiten an den Maschinen darf nur nach Bewilligung durch die jeweilige Schichtleitung und in Kenntnis der relevanten Sicherheitsmaßnahmen erfolgen. Die Schichtleitung teilt Sie zu Schichtbeginn ein. Entsprechende Einsatzpläne können bei der Werkstattleitung erfragt werden.
4. Prüfen Sie zum Schichtbeginn am Bedienpanel, ob ausreichend Material in den Vorratsbehältern ist. Wenn nötig, füllen Sie Material auf. Vorhandene Schutzvorrichtungen an den Maschinen dürfen weder entfernt noch beschädigt werden.
5. Die Maschine ist zum Schichtende auszuschalten und gründlich zu reinigen. Sollte es zu Störungen kommen, schalten Sie die Maschine aus und informieren Sie die Schichtleitung. Die Schichtleitung hat den Störungsfall zu prüfen und Maßnahmen zur Behebung einzuleiten.

a Abschnitt ……

b Abschnitt ……

c Abschnitt ……

d Abschnitt ……

e Abschnitt ……

b Worum geht es in den einzelnen Abschnitten? Schreiben Sie Stichworte. Tauschen Sie sich mit Ihrer Partnerin / Ihrem Partner aus.

Abschnitt 1 *nur mit entsprechender Schutzkleidung inklusive Gehörschutz arbeiten, zwischen 9 und 11 Uhr bei Frau Gorbunova wegen der Schutzkleidung melden, bei fehlender oder unzureichender Schutzkleidung Ausschluss von der Arbeit und unentschuldigten Arbeitstag*

Abschnitt 2 ……

Abschnitt 3 ……

Abschnitt 4 ……

Abschnitt 5 ……

c Lesen Sie den Text in 3a genauer. Welche Aussage dazu (a, b oder c) passt am besten? Kreuzen Sie an.

> **Nicht vergessen!**
> Unterstreichen Sie die **Schlüsselwörter** in der Aufgabe und im Text.

1 Wenn man eine Maschine bedient, muss man
- a ☐ komplette Schutzkleidung tragen.
- b ☐ Schmuck beim Werkstattleiter abgeben.
- c ☐ sich vorher beim Empfang melden.

2 Die Maschinen sind zu bedienen,
- a ☐ wenn man über wichtige Sicherheitsvorschriften informiert ist.
- b ☐ wenn die zuständige Schichtleitung abwesend ist.
- c ☐ wenn die Werkstattleitung das genehmigt hat.

3 Man sollte
- a ☐ die Maschinen am Bedienpanel abschalten.
- b ☐ die Schutzvorrichtungen auf ihre Wirkung prüfen.
- c ☐ die Vorratsbehälter bei Bedarf nachfüllen.

d Antworten Sie einer Freundin / einem Freund im Chat. Nutzen Sie die Angaben in 3b.

Glückwunsch zum neuen Job! Ich freue mich sehr für dich! Jetzt darfst du also mit den großen Maschinen arbeiten ☺ Darfst du eigentlich alles allein machen? Und ist das nicht ein bisschen gefährlich?
Viele Grüße, John
10:34 Uhr

Hallo John,

……

4 Prüfungsaufgabe: Lesen Teil 2

Lesen Sie die Texte und die Aufgaben 1–4. Ist die Aussage dazu richtig oder falsch und welche Antwort (a, b oder c) passt am besten? Kreuzen Sie an.

Text 1

Willkommensmappe für neue Mitarbeiter*innen

Bürostrukturen

Wie Sie wissen, haben Sie Anspruch auf drei Tage Homeoffice pro Woche. Für die Zeit, in der Sie im Unternehmen arbeiten (Präsenztage), bieten wir Ihnen im Rahmen des „Desk-Sharings" flexible Arbeitsplätze.

In unserem Großraumbüro stehen acht Schreibtische mit gleicher Ausstattung inklusive Steckdosen und USB-Anschlüssen, die von allen Teammitgliedern genutzt werden können. Die Schreibtische sind frei wählbar – nach dem Prinzip „Wer zuerst kommt, mahlt zuerst".

Damit das „Desk-Sharing" funktioniert, bitten wir Sie, einige Richtlinien zu beachten: Belegen Sie einen Schreibtisch bitte nur, wenn Sie wirklich daran arbeiten. Das heißt, dass der Arbeitsplatz auch für längere Pausen wieder geräumt werden muss. Für Ihre Unterlagen und Ihre persönlichen Gegenstände erhalten Sie einen Rollcontainer zur alleinigen Nutzung.

Neben dem Großraumbüro stehen Ihnen im ersten Stock mehrere Besprechungsräume und kleine Büros, in denen Sie Telefonate führen können, zur Verfügung. Auch der Pausenraum kann außerhalb der Mittagszeit für informelle Meetings genutzt werden.

	✓	✗
1 Die Angestellten werden gebeten, die Schreibtische nicht unnötig zu blockieren.	☐	☐

2 Sie dürfen

- **a** ☐ Meetings auch außerhalb der Besprechungsräume abhalten.
- **b** ☐ ihre Sachen während der Pausen auf dem Schreibtisch lassen.
- **c** ☐ persönliche Dinge nicht mit ins Großraumbüro bringen.

Text 2

Willkommensmappe für neue Mitarbeiter*innen

Urlaubsvertretung

Um sicherzustellen, dass der Arbeitsalltag auch während Ihrer Abwesenheit störungsfrei funktioniert, wird zusammen mit der Teamleitung eine Vertretung bestimmt. In einem gemeinsamen Gespräch wird geklärt, welche Aufgaben Priorität haben. Falls nötig, werden mehrere Personen mit der Vertretung beauftragt.

Einige Tage vor Ihrem Urlaubsbeginn findet eine Übergabe statt, bei der Sie in einem persönlichen Gespräch mit Ihrer Vertretung die Aufgaben durchgehen und wichtige Informationen austauschen. Denken Sie bitte daran, Ihrer Vertretung alle relevanten Zugangsdaten mitzuteilen, damit sie auf wichtige Informationen und Dokumente zugreifen kann. Damit es keine Unklarheiten oder Missverständnisse gibt, empfehlen wir, zusätzlich ein Übergabeprotokoll zu erstellen, in dem Sie alle wichtigen Informationen schriftlich festhalten.

Damit Kundenanfragen innerhalb der vorgesehenen 48 Stunden beantwortet werden können, werden E-Mails bei Abwesenheit grundsätzlich weitergeleitet. Ein entsprechender Hinweis dazu sowie die namentliche Nennung der zuständigen Vertreterin oder des Vertreters muss in der automatischen Antwort enthalten sein. Verwenden Sie dafür bitte ausschließlich unseren Standardtext (siehe S. 6) und denken Sie daran, die Abwesenheitsnotiz rechtzeitig zu aktivieren.

Damit der Wiedereinstieg nach dem Urlaub gut gelingt, vereinbaren Sie für den ersten Arbeitstag bitte einen Termin mit Ihrer Vertretung. Dort bringt die Kollegin oder der Kollege Sie auf den aktuellen Stand und ermöglicht Ihnen so, schnell wieder in die eigenen Aufgaben hineinzufinden.

	✓	✗
3 Die Firma erwartet, dass vor und nach dem Urlaub eine persönliche Übergabe gemacht wird.	☐	☐

4 Die Angestellten entscheiden selbst,

- **a** ☐ ob sie ein Übergabeprotokoll schreiben möchten.
- **b** ☐ ob sie ihre E-Mails an die Vertretung weiterleiten.
- **c** ☐ wie sie die Abwesenheitsnotiz formulieren.

1 Rund um den Arbeitsvertrag

a Streichen Sie durch, was nicht in einen Arbeitsvertrag gehört.

Tätigkeit | Medien | Kündigung | Probezeit | Sport | Krankheit | Urlaub | Verkehr | Arbeitsvergütung | Freizeit | Überstunden

b Lesen Sie den Arbeitsvertrag und ergänzen Sie.

Anspruch | Frist | Bruttogehalt | Arbeitsverhältnisses | Fähigkeiten | Zeit | Kalenderjahr

§ 1 Probezeit

Das Arbeitsverhältnis wird auf unbestimmte ……1…… geschlossen. Die ersten sechs Monate gelten als Probezeit. Während der Probezeit kann das Arbeitsverhältnis beiderseits mit einer ……2…… von zwei Wochen gekündigt werden.

§ 2 Tätigkeit

Der Arbeitnehmer wird als Bürokaufmann eingestellt. Er verpflichtet sich, auch andere Arbeiten auszuführen, die seinen Vorkenntnissen und ……3…… entsprechen. Dies gilt, soweit dies bei Abwägung der Interessen des Arbeitgebers und des Arbeitnehmers zumutbar ist.

§ 3 Arbeitsvergütung

Der Arbeitnehmer erhält ein monatliches ……4…… von 2190,00 Euro.

§ 4 Urlaub

Der Arbeitnehmer hat ……5…… auf bezahlten Erholungsurlaub. Der gesetzliche Mindesturlaub beträgt 24 Arbeitstage im ……6……, ausgehend von einer Sechs-Tage-Woche.

§ 5 Kündigung

Nach Ablauf der Probezeit finden die gesetzlichen Kündigungsfristen von 3 Monaten Anwendung. Die Beendigung des ……7…… bedarf der Schriftform.

c Suchen Sie alle Komposita mit „Arbeit(s)-“ in 1b. Erklären Sie Ihrer Partnerin / Ihrem Partner die Begriffe.

So geht's

Wortschatz lernt man am besten vernetzt. Eine Möglichkeit ist, neue Wörter in Wortfeldern zu lernen. Das bedeutet, Wörter, die zu einem Sachgebiet gehören, werden auch zusammen erlernt, wie zum Beispiel die Begriffe zum Oberthema „Arbeitsvertrag“.

d Zu welchem Thema im Arbeitsvertrag gehört dieser Text? Schreiben Sie die Überschrift.

....

Die Arbeitsunfähigkeitsbescheinigung weist nach, dass ein Arbeitnehmer aufgrund von Krankheit nicht in der Lage ist, seine Arbeitsleistung zu erbringen. Die Arbeitsunfähigkeit ist dem Arbeitgeber unverzüglich mitzuteilen. Dauert sie länger als drei Tage, muss dem Arbeitgeber eine Arbeitsunfähigkeitsbescheinigung vorgelegt werden, spätestens am Folgetag. Der Arbeitgeber kann die Arbeitsunfähigkeitsbescheinigung auch früher verlangen.

e Welche anderen Begriffe für „Arbeitsunfähigkeitsbescheinigung" kennen Sie? Bilden Sie Wörter.

ärzt Kran At ken gung test
Krank Be li che schrei
bung ärzt schein schei ni
mel Krank dung li ches

....
....
....
....
....

f Über welche Themen unterhalten sich die folgenden Personen? Hören Sie zwei Gespräche und schreiben Sie den passenden Buchstaben. 1

1 ....

2 ....

a Verschwiegenheitspflicht
b Finanzierung einer Weiterbildung
c Freistellung
d Entgeltfortzahlung im Krankheitsfall
e Gehaltserhöhung nach einer Weiterbildung

g Recherchieren Sie die Antworten zu den Fragen der Personen im Internet. Tauschen Sie sich im Kurs darüber aus.

2 Anliegen der Personen verstehen

Schon gewusst?

In der Prüfungsaufgabe **Lesen Teil 3** finden Sie vier kurze Texte aus einem **Internetforum** von vier Personen, die eine Frage zu einem bestimmten beruflichen Thema haben. Dazu gibt es sechs Antworttexte zur Auswahl, von denen aber nur drei passen. Die Person, die keine passende Antwort bekommt, markieren Sie mit einem X.

a Zu welchem Thema passen die Fragen der Personen? Schreiben Sie und sprechen Sie im Kurs.

....

1 Emilia

Ich konnte letzten Monat gesundheitsbedingt drei Wochen nicht arbeiten und war krankgeschrieben. Allerdings bin ich weiterhin zum Yoga gegangen. Mein Arbeitgeber hat mich gesehen und droht jetzt mit einer Abmahnung. Darf er das?

2 Nils

Ich habe endlich zwei Wochen Urlaub und wollte heute eigentlich meine Reise nach Italien antreten. Aber seit gestern Abend bin ich richtig krank und habe gerade das Hotel storniert. Verfällt jetzt auch noch mein Urlaub?

3 Ima

Ich bin krank und liege seit Tagen im Bett. Ich lebe allein und fühle mich nicht in der Lage, das Haus zu verlassen. Was kann ich tun, denn ich muss ja meine Arbeitsunfähigkeit bescheinigen lassen? Habt ihr Ideen?

So geht's

Um zu den Fragen der verschiedenen Personen den passenden Antworttext zu finden, müssen Sie **zuerst** verstehen, was genau die Personen wissen möchten. Dabei ist es hilfreich, wenn Sie erst einmal alle Fragen lesen und herausfinden, zu welchem **Oberthema** die Personen etwas wissen möchten.

So geht's

Die Fragen der Personen beziehen sich auf ein ähnliches Thema. Dennoch hat jede Frage einen **spezifischen Fokus**, den Sie erkennen müssen. Lesen Sie also gründlich und unterstreichen Sie die Schlüsselwörter.

b Was ist richtig? Kreuzen Sie an.

1 Emilia

a ☐ hat sich nicht rechtzeitig krankgemeldet.

b ☐ ist trotz Krankheit zum Sport gegangen.

c ☐ wird von ihrem Chef gekündigt.

2 Nils
- a ☐ ist seit zwei Wochen im Urlaub in Italien.
- b ☐ ist im Hotel krank geworden.
- c ☐ hat Angst, dass er seine Urlaubstage nicht richtig nutzen kann.

3 Ima
- a ☐ ist hingefallen.
- b ☐ braucht jemanden, der ihn zu Hause unterstützt.
- c ☐ ist zu krank, um zum Arzt zu gehen.

c Welcher Tipp passt zu Emilia?
Lesen Sie und begründen Sie Ihre Auswahl.

Tipp für Emilia: ....

....

....

So geht's

Achten Sie nicht nur auf die Schlüsselwörter, sondern denken Sie beim Lesen auch an die Frage von Emilia und überprüfen Sie, ob der Tipp die Frage auch wirklich beantwortet.

Rund um den Beruf

a

Larissa, vor 20 Minuten

Du solltest unbedingt zum Arzt gehen und deine Arbeitsunfähigkeit feststellen lassen. Du musst auch daran denken, sofort deinem Arbeitgeber Bescheid zu geben, damit er für dich eine Vertretung organisieren kann. Ich habe gehört, dass es auch Krankmeldungen per Videosprechstunde gibt. Hier findest du den Link dazu: www.die-online-krankmeldung.com

b

Lennart, vor 12 Minuten

Das kann man gar nicht so pauschal beantworten. Wenn die körperliche Aktivität beispielsweise deiner Genesung hilft, dann ist sie erlaubt. Das heißt, es muss von Fall zu Fall entschieden werden. Du solltest dich vielleicht von einem Anwalt beraten lassen.

c

Lars, vor 40 Minuten

Im Internet sollte man vorsichtig sein, denn ich habe gehört, dass es seit einigen Jahren online die Möglichkeit für Beschäftigte gibt, sich per Online-Fragebogen krankschreiben zu lassen. Aber diese Krankmeldung ist nicht legal und wird von der Krankenkasse auch nicht anerkannt. Also Finger weg!

d

Natalia, vor 49 Minuten

Wenn du im Krankheitsfall nicht arbeiten kannst, darf dir dein Arbeitgeber deswegen keine Nachteile bereiten oder dich abmahnen. Du musst dem Arbeitgeber auch nicht mitteilen, welche Krankheit du hast.

3 Den passenden Tipp finden

a Was ist richtig? Kreuzen Sie an.

1

Paulina
Ich bin in Elternzeit und möchte die Zeit nutzen, um auf der Karriereleiter voranzukommen. Ich möchte demnächst eine Weiterbildung zum Online-Marketing besuchen. Kann mir jemand sagen, wo ich Infos zu Fördermöglichkeiten finde, da die Kurse alle ziemlich teuer sind?

2

Cem
Ich bin im letzten Jahr meiner Ausbildung zum Maschinen- und Anlagenbauer. Ich habe eine tolle Weiterbildung gefunden, mit der ich beruflich nach meiner Ausbildung voll durchstarten kann. Dazu möchte ich gern einen Bildungsurlaub beantragen. Kann ich das?

3

Sami
Ich bin jetzt schon seit zehn Jahren in der Firma und möchte endlich einmal einen Bildungsurlaub wahrnehmen. Ich will schon seit Langem Schwedisch lernen und habe jetzt ein Angebot für einen Intensivkurs gefunden. Wisst ihr, wer die Kosten dafür übernimmt?

1 Paulina
- a ☐ braucht Hilfe bei der Recherche nach Online-Fortbildungen.
- b ☐ sucht eine Finanzierung für die Weiterbildung.
- c ☐ hat schon Karriere im Online-Marketing gemacht.

2 Cem
- a ☐ will sich zum Maschinen- und Anlagenbauer weiterbilden.
- b ☐ möchte Bildungsurlaub nehmen.
- c ☐ will direkt nach der Ausbildung eine Weiterbildung machen.

3 Sami
- a ☐ möchte sich nach zehn Jahren umorientieren.
- b ☐ möchte einen Sprachkurs besuchen.
- c ☐ möchte seinen Arbeitgeber fragen, ob er den Kurs bezahlt.

So geht's

Denken Sie daran, dass die Schlüsselwörter häufig nicht identisch wieder auftauchen, sondern dass oft Synonyme verwendet werden. Versuchen Sie einmal, so viele Synonyme wie möglich zu den Schlüsselwörtern in den Fragen zu finden.

b Zu welchem Thema gehört welcher Tipp? Lesen Sie die Tipps und ordnen Sie zu.

1 In welchen Tipps geht es um Fort- oder Weiterbildung?

....

2 In welchen Tipps geht es um Bildungsurlaub?

....

Rund um den Beruf

a *Jens, vor zwei Stunden*

Wenn man nach längerer Pause in seinen alten Job zurückkehren möchte und sich hier in der Zwischenzeit etliches geändert hat, dann kann es nicht verkehrt sein, eine sogenannte Erhaltungsfortbildung zu absolvieren. Damit kann man seine beruflichen Fertigkeiten wieder auffrischen. Mir hat das sehr geholfen.

b *Hilda, vor fünf Stunden*

Das ist eindeutig geregelt. Dein Arbeitgeber zahlt dir während dieser Zeit den Lohn weiter und stellt dich frei. Immerhin kann so eine Bildungszeit ja bis zu fünf Tagen im Jahr dauern. Die Seminargebühren musst du dann selbst zahlen. Ein Tipp noch: Du kannst die Kosten steuerlich absetzen.

c *Holger, vor einem Tag*

Ich weiß, dass bestimmte Weiterbildungen von der Arbeitsagentur gefördert werden. Du könntest einfach mal auf den Seiten im Internet recherchieren, was dazu zählt. Oder du vereinbarst direkt vor Ort einen Beratungstermin.

d *Sibell, vor einer Woche*

Also das kann man so pauschal gar nicht sagen, weil jedes Bundesland eigene Regeln dazu hat. In Berlin und Hessen zum Beispiel können auch Azubis einen Bildungsurlaub beantragen. Allerdings nur für politische Schulungen und Fortbildungen. Am besten informierst du dich auf der Webseite deiner Landesregierung.

c Welcher Tipp passt zu welcher Person aus 3a? Ordnen Sie zu.

1 Paulina ☐
2 Cem ☐
3 Sami ☐

4 Prüfungsaufgabe: Lesen Teil 3

Lesen Sie die Fragen 1–4. Lesen Sie die Texte a–f. Welche Frage passt zu welchem Tipp?
Markieren Sie Ihre Lösungen.
Für eine Frage gibt es keinen passenden Tipp. Markieren Sie dafür ein x.

	a	b	c	d	e	f	x
1	☐	☐	☐	☐	☐	☐	☐
2	☐	☐	☐	☐	☐	☐	☐
3	☐	☐	☐	☐	☐	☐	☐
4	☐	☐	☐	☐	☐	☐	☐

Nicht vergessen!
Denken Sie daran, dass es bei **Lesen Teil 3** zu einer Person und deren Frage keinen Tipp gibt.

1

Daniel
Ich arbeite bei einer Spedition im Büro. Eine meiner Kolleginnen hat fast die gleichen Aufgaben wie ich. Nun habe ich erfahren, dass sie deutlich mehr verdient. Das ist doch unfair! Habe ich nicht Anspruch auf die gleiche Bezahlung?

2

Kamila
Ich arbeite normalerweise sehr sorgfältig, aber vorgestern ist mir ein dummer Fehler passiert, durch den meinem Arbeitgeber zusätzliche Kosten entstanden sind (etwa 500 Euro). Jetzt habe ich Angst, dass ich das Geld vom Lohn abgezogen bekomme. Könnte das passieren?

3

Marlene
In dem letzten Gespräch mit meinem Chef hat er mir fest versprochen, dass ich im neuen Jahr eine Gehaltserhöhung bekommen würde. Nun haben wir Januar und er kann sich plötzlich nicht mehr daran erinnern. Was kann ich tun?

4

Ümit
Letzte Woche bin ich drei Tage nicht zur Arbeit gegangen, weil mein siebenjähriger Sohn Fieber hatte. Ich bin alleinerziehend und hatte in dieser Zeit niemanden, der sich um mein Kind kümmern konnte. Wird jetzt mein Gehalt gekürzt?

Rund um den Beruf

a

Sekou, vor 11 Minuten

Wenn das nur eine mündliche Zusage war und Sie nichts Schriftliches in der Hand haben (z. B. ein Protokoll von Ihrem Gespräch), können Sie leider gar nichts machen. Mein Tipp: Überzeugen Sie weiterhin mit guten Leistungen und sprechen Sie Ihren Chef zu einem späteren Zeitpunkt noch mal auf das Thema an.

b

Natalia, vor 30 Minuten

Ich finde es auch ungerecht, dass Frauen in vielen Berufen immer noch weniger verdienen als Männer in den gleichen Berufen. Wir reden ja hier nicht von ein paar Euro, sondern von fast 20 Prozent! Dieser Unterschied ist für mich nicht nachvollziehbar. Gleicher Lohn für Frauen und Männer – das ist meine Meinung!

c

Eduardo, vor 58 Minuten

Die Höhe des Gehalts ist in der Regel Verhandlungssache zwischen Arbeitgeber und Arbeitnehmer. Das heißt, wer geschickt verhandelt, verdient mehr. Oft gibt es auch ganz sachliche Erklärungen für Gehaltsunterschiede (Dauer der Betriebszugehörigkeit, Berufserfahrung, unterschiedliche Qualifikationen etc.).

d

André, vor 2 Stunden

Das verstehe ich! Lohnkürzungen sind immer ein Schock für die Angestellten, aber sie sind tatsächlich zulässig – vorausgesetzt, das Unternehmen befindet sich in einer wirtschaftlichen Notsituation. Wichtig zu wissen: Wenn der Arbeitgeber aus betrieblichen Gründen die Löhne kürzt, betrifft das alle Mitarbeiter*innen, nicht nur einzelne.

e

Yeliz, vor 3 Stunden

Eltern haben das Recht, sich nach der Geburt ihres Kindes eine Auszeit von der Arbeit nehmen, die sogenannte „Elternzeit“. Der Arbeitgeber muss dir in dieser Zeit kein Gehalt zahlen, ein Einkommen hast du aber trotzdem – über das Elterngeld.

f

Marie-Luise, vor 4 Stunden

Mach dir keine Sorgen. Wo Menschen arbeiten, läuft nicht immer alles perfekt. Das ist ganz normal und keinesfalls ein Grund für eine Lohn- oder Gehaltskürzung. Diese erlaubt das Arbeitsrecht nur in Ausnahmesituationen, z. B. wenn ein Mitarbeiter absichtlich seinem Arbeitgeber Schaden zufügt.

1 Besprechungen

a Ausstattung der Räume: Ordnen Sie die Begriffe den Bildern zu.

Beamer | Besprechungsunterlagen | Flipchart | Leinwand | Moderationskarten | Netzwerkanschluss | Pinnwand | Tagungsraum

1 ....

2 ....

3 ....

4 ....

5 ....

6 ....

7 ....

8 ....

b Lesen Sie die E-Mail und ergänzen Sie die passenden Wörter aus 1a.

Erhalten: heute 15:03 Uhr
An: Mehmet Aksoy
Betreff: Bitte Besprechungsraum vorbereiten

Lieber Herr Aksoy,
die Besprechung mit unseren niederländischen Kolleginnen und Kollegen findet nun doch schon am kommenden Mittwoch (26.9.) statt. Da Frau Steiner noch bis zum Ende der Woche Urlaub hat, bitte ich Sie, den ....1.......... im 3. Stock vorzubereiten und die nötigen Hilfsmittel bereitzustellen. An der ....2.......... in Frau Steiners Büro hängt eine praktische Checkliste, die Sie nutzen können.
Besonders wichtig: Vergessen Sie bitte nicht, den ....3.......... an den Laptop anzuschließen und zu testen, ob er einwandfrei funktioniert. Beim letzten Mal ließ sich das Bild nicht richtig scharf stellen – das soll uns diesmal nicht passieren.
Prüfen Sie bitte auch, ob der Inhalt des Moderationskoffers vollständig ist. Falls Marker oder ....4.......... fehlen, bitte auffüllen!
Vielen Dank und beste Grüße
Melanie Fuchs-Ribeiro

c Welche Erklärungen passen zu den Wörtern? Verbinden Sie.

1	protokollieren	a	sagen, dass man die Meinung der anderen Person nicht teilt
2	zustimmen	b	Abkürzung für „Tagesordnungspunkt"
3	nachvollziehen	c	etwas schriftlich festhalten
4	widersprechen	d	ein anderes Wort für „Besprechung" oder „Meeting"
5	vorziehen	e	ein anderes Wort für „Tagesordnung"
6	die Agenda	f	etwas (z. B. einen Termin) früher als geplant stattfinden lassen
7	TOP	g	eine Aussage über zukünftige Entwicklungen oder Ereignisse
8	die Sitzung	h	sagen, dass man die Meinung der anderen Person teilt
9	der Rückblick	i	ein Bericht oder eine Betrachtung von etwas Vergangenem
10	die Prognose	j	sich vorstellen können, was die andere Person meint

d Ergänzen Sie die Wörter aus 1c. Achten Sie bei den Verben auf die richtige Form.

1 Der Termin für die nächste .... wurde ....
Wir treffen uns schon am sechsten Mai, nicht erst am zwölften.

2 Frau Petrovic hat die Ergebnisse der letzten Besprechung .... und allen Teilnehmenden per Mail geschickt.

3 Der .... auf die Verkaufszahlen des letzten Jahres zeigt, dass unsere Bio-Teesorten bei den Kunden gut ankommen.

4 Wir haben heute drei wichtige Punkte auf der .... Beginnen wir mit .... 1, der Vorbereitung der Messe.

5 Ich kann sehr gut ...., warum einige Mitarbeiterinnen und Mitarbeiter momentan unzufrieden sind. Trotzdem werde ich einem Streik nicht ....

6 Da der Umsatz im letzten Quartal so überraschend zurückgegangen ist, möchte ich noch keine .... für die kommenden Monate machen.

7 In einem Punkt muss ich euch ....: Ich glaube nicht, dass wir durch zusätzliche Werbeanzeigen neue Kunden gewinnen können.

e Welches Wort passt in die Reihe? Ergänzen Sie.

ansteigen | sinken | stagnieren | ungefähr

1 etwa – rund – circa – ....

2 gleich bleiben – stillstehen – ....

3 wachsen – zunehmen – sich erhöhen – ....

4 abnehmen – fallen – zurückgehen – ....

2 Merkmale eines Protokolls

Lesen Sie den Text und ergänzen Sie die Textbausteine a–g.

a Im Anschluss folgt zu jedem Tagesordnungspunkt eine kurze Zusammenfassung der Inhalte
b Der Stil ist sachlich-neutral
c wer an der Besprechung teilnimmt
d So kann man jederzeit alle wichtigen Informationen und Vereinbarungen nachlesen
e Beträge einzelner Personen
f Was das Protokoll genau beinhaltet und wie es aufgebaut ist, hängt von der Situation ab
g In der Regel werden zu Beginn einige wichtige formale Angaben gemacht, z. B.

In einem Protokoll hält man schriftlich fest, was in einer Besprechung gesagt wurde. ......1 d......, z. B.: Was ist passiert? Was wurde beschlossen? Wer ist verantwortlich?

Aufbau und äußere Form

......2...... . In bestimmten Fällen gibt es eine Protokollpflicht (z. B. bei Betriebsratssitzungen). Wenn ein Protokoll gesetzlich vorgeschrieben ist oder wenn es in einem Rechtsstreit relevant sein könnte, gelten strengere „Regeln", als wenn das Protokoll den Besprechungsteilnehmer*innen lediglich als Gedächtnisstütze dienen soll.

Es gibt also „offiziellere" und „inoffiziellere" Protokolle, die in Aufbau und Form variieren können. Dennoch lassen sich einige gemeinsame Merkmale identifizieren, die sich in den meisten Protokollen wiederfinden:

......3...... :

wann und wo die Besprechung stattfindet (Ort, Datum, Beginn und Ende)

was der Anlass bzw. das Thema ist

......4...... . Häufig wird auch vermerkt, wer nicht anwesend ist bzw. wer sich entschuldigt hat.

wer das Protokoll schreibt (Protokollführer*in) und wer die Besprechung moderiert (Sitzungsleiter*in)

welche Tagesordnungspunkte für die Besprechung vorgesehen sind

......5...... :

die wichtigsten Aspekte, die zu einem Punkt besprochen wurden

......6...... (z. B. Berichte, Vorschläge, Argumente)

Ergebnisse (z. B. Beschlüsse, Vereinbarungen, geplante Maßnahmen, Termine, Aufgabenverteilung, Verantwortlichkeiten)

offene Punkte, die noch nicht geklärt werden konnten

Sprache und Stil

Die Ausführungen zu den einzelnen Tagesordnungspunkten sind in der Regel kurz und informativ. Protokolle werden normalerweise im Präsens und in ganzen Sätzen geschrieben (keine Stichpunkte). ......7...... ; das heißt, man verzichtet auf persönliche Bewertungen und Kommentare.

3 Die formalen Angaben eines Protokolls verstehen

Schon gewusst?

In der Prüfungsaufgabe **Lesen Teil 4** sollen Sie ein Protokoll lesen und dazu fünf Fragen beantworten. Lesen Sie unbedingt auch den Anfang des Protokolls mit den formalen Angaben. Diese können ebenfalls Gegenstand einer Prüfungsfrage sein.

a Lesen Sie den Anfang eines Protokolls und lösen Sie die Aufgabe.

PROTOKOLL *Zentel GmbH Bremerhaven*

Monatsmeeting: Besprechung aktueller Themen
Datum, Ort: 26.03.20XX, Tagungsraum B-204
Teilnehmer*innen: Franziska Birkholz (FB, Geschäftsleitung), Ismael Diallo (ID, Personalabteilung), Christian Moog (CM, Produktion), Zahra Said (ZS, Verkauf), Andrea Nienhaus (AN, Marketing), Gregor Mazurek (GM, Kundendienst)
Abwesend, entschuldigt: Reiner Wenzel (RW, Kundendienst)
Protokollführer: CM

TOPs
1. Maßnahmen zur Kostenreduzierung
2. Umbau des Lagers: Budget und Zeitplan
3. Rückblick auf die Messe in Köln
4. Kundenzufriedenheit
5. Personelles

So geht's

Zu Beginn des Protokolls werden die Namen und Initialen der Personen vermerkt. Im weiteren Verlauf des Textes werden meist nur noch die Initialen verwendet.

Bei der Besprechung
a ☐ fehlt ein Mitarbeiter aus der Personalabteilung.
b ☐ schreibt Herr Moog das Protokoll.
c ☐ wird auch die nächste Messe geplant.

So geht's

Bei der Formulierung der formalen Angaben kann es leichte Variationen geben.

b Lesen Sie den Ausschnitt aus einem Protokoll. Finden Sie für die markierten Wörter eine ähnliche Formulierung in 3a und markieren Sie sie dort im Text.

Datum, Uhrzeit: 19.06.20XX, 11:30–12:45 Uhr
Ort: **Konferenzraum** 2
Anwesende: Rahul Tiwari (RT, Leitung IT-Abteilung), Alexandra Lauber (AL, Projektleitung), Matthias Pietschmann (MP), Eduardo Romero (ER), Ekaterina Stemmer (ES)
Nicht anwesend (entschuldigt): Bianca Burkard (BB)
Protokoll: MP
Tagesordnung:
1. „Alpha-Projekt" – Stand der Dinge

4 Die Inhalte des Protokolls verstehen

Schon gewusst?

In diesem Prüfungsteil wird **Detailverstehen** geprüft. Das heißt, Sie sollen zeigen, dass Sie in der Lage sind, Einzelheiten im Text zu verstehen.

Überfliegen Sie die Fragen, bevor Sie das Protokoll lesen. Das hilft Ihnen, die relevanten Textstellen schneller zu finden. Nutzen Sie zur Orientierung auch die Überschriften im Text.

a Lesen Sie den Ausschnitt aus einem Protokoll und lösen Sie die Aufgaben.

Maßnahmen zur Kostenreduzierung
Aufgrund der unsicheren Wirtschaftslage soll geprüft werden, in welchen Arbeitsbereichen Kosten gesenkt bzw. unnötige Kosten vermieden werden können.
Maßnahmen zur Reduzierung des Materialverbrauchs in der Produktion wurden bereits bei der letzten Sitzung am 25. Februar beschlossen. Weitere Maßnahmen zur Kostensenkung werden zurzeit von der Geschäftsführung diskutiert. Auch die Mitarbeiterinnen und Mitarbeiter sollen aufgerufen werden, Einsparpotenzial in ihren Arbeitsbereichen zu identifizieren und Ideen zur Kostensenkung beizutragen. Als Anerkennung ist eine Prämie vorgesehen, die sich nach der Höhe der Kosteneinsparung richtet. Vorschläge sind schriftlich bei der jeweiligen Teamleitung einzureichen.

Personelles
Klaus Berberich, Leiter der Finanzabteilung, wird am 30. März mit einer kleinen Feier in den Ruhestand verabschiedet. Seine Nachfolge übernimmt sein bisheriger Stellvertreter, Herr Farzad Ahmadi.
Des Weiteren verlässt Frau Celeste Mamani das Unternehmen nach sechsjähriger Betriebszugehörigkeit. Ihr letzter Arbeitstag ist der 31. März.
Neu eingetreten in das Unternehmen sind Frau Dr. Yumi Sasaki und Herr Johannes Gersmann. Beide sind seit dem 15. März in der IT-Abteilung tätig.

1 Das Unternehmen
- a ☐ kann wegen der aktuellen Wirtschaftslage zurzeit keine Prämien zahlen.
- b ☐ möchte die Angestellten einbeziehen, um Sparmöglichkeiten zu finden.
- c ☐ sieht momentan keine Möglichkeit, die Kosten in der Produktion zu senken.

2 Herr Ahmadi
- a ☐ geht Ende März in Rente.
- b ☐ wechselt in die IT-Abteilung.
- c ☐ wird der neue Leiter der Finanzabteilung.

3 Herr Gersmann
- a ☐ arbeitet seit sechs Jahren in der Firma.
- b ☐ hat seine Stelle gekündigt.
- c ☐ ist neu in der IT-Abteilung.

Schon gewusst?

Die Prüfungsfragen in **Lesen Teil 4** sind Multiple-Choice-Fragen. Hier sollen Sie aus **drei Antwortmöglichkeiten** die richtige Option auswählen.

In den Fragen werden oft andere Wörter und Formulierungen verwendet als im Text. Achten Sie deshalb auf Wörter bzw. Formulierungen mit gleicher oder sehr ähnlicher Bedeutung.

Es kann vorkommen, dass in den Texten Wörter vorkommen, die Sie nicht kennen. Lassen Sie sich davon nicht verunsichern. Sie können die Aufgaben trotzdem lösen.

b Lesen Sie den Ausschnitt aus einem Protokoll und die Aufgaben. Welche Antwort (a, b oder c) passt am besten?

Teambesprechung

Anwesende: Rahul Tiwari (RT, Leitung IT-Abteilung), Alexandra Lauber (AL, Projektleitung), Matthias Pietschmann (MP), Eduardo Romero (ER), Ekaterina Stemmer (ES)

...

TOP 1: „Alpha-Projekt“ – Stand der Dinge

AL berichtet, dass das Team eine Softwarelösung für den Kunden erarbeitet und bei einem persönlichen Treffen am 11.06. vorgestellt hat. Der Kunde ist mit dem Konzept in allen Punkten zufrieden und hat der Umsetzung ohne Änderungen zugestimmt. Der Termin für die Fertigstellung soll allerdings um eine Woche vorgezogen werden.

Aufgrund der momentanen Auftragslage befürchtet RT, dass dies zu zeitlichen Engpässen führen könnte, und fragt nach, ob die Teammitglieder bereit wären, ggf. bezahlte Überstunden zu leisten. Alle Teammitglieder sind damit einverstanden. ER bietet außerdem an, seinen für die zweite Junihälfte geplanten Urlaub in den August zu verschieben. RT nimmt das Angebot dankend an.

TOP 2: Besprechungsräume

Die Besprechungsräume im zweiten Stock werden von unterschiedlichen Teams aus verschiedenen Abteilungen genutzt. ES berichtet, dass in letzter Zeit häufiger Flipcharts, Beamer und/oder Leinwände in den Räumen fehlen und dass es dadurch zu Verzögerungen bei Projektbesprechungen kommt. Die anderen Teammitglieder bestätigen dies. AL merkt an, Flipcharts, die eigentlich in die Besprechungsräume gehören, ständen teilweise in den Fluren und sogar in den Toilettenräumen herum. Nach einer längeren Diskussion wird beschlossen, dass RT bis zum Ende der Woche eine Rundmail an alle Abteilungsleiter*innen schickt, mit der Bitte, das Problem mit ihren Teams zu besprechen und die Mitarbeiter*innen dazu anzuhalten, die technische Ausstattung sowie alle Hilfsmittel in den Räumen zu belassen. Zusätzlich erstellt ES einen Aushang mit einem entsprechenden Hinweis, der an der Glastür im zweiten Stock befestigt werden soll.

1 Es könnte Zeitprobleme geben, weil

a ☐ das Projekt zu einem früheren Zeitpunkt fertig werden soll.

b ☐ das Team das Konzept noch einmal überarbeiten muss.

c ☐ ein Mitarbeiter kurzfristig seine Urlaubspläne geändert hat.

2 Um das Problem mit den Tagungsräumen zu lösen,

a ☐ soll eine Rundmail an alle Mitarbeiter*innen geschickt werden.

b ☐ soll ein persönliches Gespräch mit den Abteilungsleiter*innen geführt werden.

c ☐ sollen mehrere Maßnahmen ergriffen werden.

5 Prüfungsaufgabe: Lesen Teil 4

Lesen Sie das Protokoll und die Aufgaben 1–5. Welche Antwort (a, b oder c) passt am besten? Kreuzen Sie an.

Möbel Koslik
Natürlich wohnen mit Holz

PROTOKOLL
Monatsmeeting: 08.06.20XX, Besprechungsraum I
Teilnehmer*innen: Torsten Koslik (TK, Geschäftsleitung), Manuela Batista (MB, Kundenservice), Joseph Chuma (JC, Herstellung), Christine Gündel (CG, Marketing), Andreas Radosch (AR, IT)
Entschuldigt: Sumaiya Reza (SR, Verkauf)
Protokoll: MB

Tagesordnung
TOP 1: Materialkosten & Preise
TOP 2: Kundenservice: Stand der Dinge
TOP 3: Zusatzauftrag
TOP 4: Neues Logo
TOP 5: Veranstaltungen

TOP 1: Materialkosten & Preise
Seit Jahresbeginn sind die Preise für Holz stetig gestiegen und das wird voraussichtlich auch im zweiten Halbjahr so bleiben. Einen wesentlichen Grund für den Preisanstieg sieht TK darin, dass Bauen mit Holz zurzeit stark im Trend liegt und Holz deshalb sowohl von Baufirmen als auch von Privatleuten stärker nachgefragt wird. TK berichtet, dass die meisten anderen Möbelhersteller ihre Verkaufspreise bereits erhöht haben. Bei Möbel Koslik sind bis zum Jahresende jedoch keine Preisanpassungen vorgesehen und das soll auch so auf der Webseite kommuniziert werden. CG verfasst diese Woche noch einen entsprechenden Text. Im Januar wird die Situation neu bewertet.

TOP 2: Kundenservice: Stand der Dinge
MB berichtet, dass die Kundenzufriedenheit nach wie vor sehr hoch ist. Besonders geschätzt wird die individuelle Betreuung der Kunden, die allerdings sehr zeitaufwändig ist. Um sich wiederholende Kundenanfragen zu reduzieren, schlägt MB vor, den Fragen-und-Antworten-Bereich auf der Webseite zu erweitern. AR glaubt nicht, dass dies zu einer spürbaren Entlastung im Kundenservice führt. Er schlägt zusätzlich vor, kurze Erklärfilme zu produzieren, die die Produkte und Leistungen des Unternehmens unterhaltsam und leicht verständlich darstellen. Die praktische Umsetzbarkeit dieses Vorschlags und die damit verbundenen Kosten sollen in den kommenden Wochen geprüft werden: AR recherchiert Dienstleister und Preise, CG und MB skizzieren mögliche Inhalte der Erklärfilme.

TOP 3: Zusatzauftrag
Vor acht Jahren wurde die Einrichtung für das Restaurant „Landhaus" von Möbel Koslik angefertigt. Nach einem Brand muss die Einrichtung komplett erneuert werden und der Inhaber des Restaurants hat angefragt, ob Möbel Koslik diesen zusätzlichen Auftrag übernehmen kann. Die Anfertigung der Einrichtung soll größtenteils parallel zu der Gebäudesanierung laufen und rechtzeitig zur Neueröffnung (voraussichtlich Ende September) fertig sein. TK möchte den Auftrag annehmen. JC hat bereits zu bedenken gegeben, dass die Produktion zurzeit keine

Kapazitäten für ein zusätzliches Projekt hat. Um den Auftrag trotzdem ausführen zu können, schlägt er vor, vorübergehend Leiharbeiter einzustellen. TK stimmt zu und wird den Personaldienstleister kontaktieren.

TOP 4: Neues Logo

Im Rahmen der Modernisierungsmaßnahmen von Möbel Koslik soll auch ein neues Logo für das Unternehmen entwickelt werden. CG hat im Vorfeld Angebote von verschiedenen Agenturen eingeholt und stellt die drei besten vor. Nach sorgfältigem Vergleich wurde entschieden, dass die Agentur Kellerman den Zuschlag erhält. Das Angebot liegt preislich zwar über dem der anderen, aber die Agentur ist deutschlandweit für ihre ausgezeichneten Logodesigns bekannt, die TK sehr überzeugt haben. CG kontaktiert die Agentur heute im Laufe des Tages, um den Auftrag zu erteilen.

TOP 5: Veranstaltungen

Am 25.07. findet wieder der Teambuilding-Tag statt, der alle zwei Jahre für die Angestellten organisiert wird. Zur Vorbereitung sammelt eine Arbeitsgruppe zurzeit neue Ideen für einen geeigneten Ort und Aktivitäten. Die zuständige Ansprechpartnerin ist CG. Wer Vorschläge oder Wünsche für den Teambuilding-Tag hat, kann sich an sie wenden.

Der Seniorchef Manfred Koslik wird sich ab September aus Altersgründen komplett aus dem Unternehmen zurückziehen. Aus diesem Anlass wird sein Nachfolger Paul Koslik eine Feier im Parkhotel organisieren, zu der alle Mitarbeiter*innen eingeladen werden. Ob die Feier wie von Manfred Koslik gewünscht am 26.08. stattfinden kann oder doch erst am 30., wird derzeit noch geklärt.

1 In der zweiten Jahreshälfte

- **a** ☐ müssen die Kunden bei Möbel Koslik mehr bezahlen.
- **b** ☐ sollen die Preise bei Möbel Koslik stabil bleiben.
- **c** ☐ werden die Holzpreise voraussichtlich wieder sinken.

2 Manuela Batista schlägt eine Maßnahme vor, um

- **a** ☐ die Kosten für die Produktion der Erklärfilme zu senken.
- **b** ☐ die Zufriedenheit der Kunden zu verbessern.
- **c** ☐ Zeit bei der Kundenbetreuung einzusparen.

3 Möbel Koslik

- **a** ☐ benötigt mehr Personal, um den Auftrag durchzuführen.
- **b** ☐ hat noch keinen Auftrag für das Restaurant ausgeführt.
- **c** ☐ soll nach Abschluss der Sanierung mit der Arbeit beginnen.

4 Die Agentur Kellermann

- **a** ☐ bekommt den Auftrag, obwohl sie am teuersten ist.
- **b** ☐ organisiert die Modernisierungsmaßnahmen.
- **c** ☐ wurde von Frau Gündel bereits beauftragt.

5 Es gibt zurzeit noch

- **a** ☐ keine Neubesetzung für Manfred Kosliks Position im Unternehmen.
- **b** ☐ keinen festen Termin für die Abschiedsfeier im Parkhotel.
- **c** ☐ niemanden, der sich um die Vorbereitung des Teambuilding-Tags kümmert.

1 Auf eine Beschwerde reagieren

a Was passt nicht? Streichen Sie durch.

1	einen Auftrag	kümmern – erteilen – stornieren
2	einen Fehler	beheben – sagen – melden
3	einen Preisnachlass	anbieten – bezahlen – zusagen
4	eine Lösung	finden – machen – anbieten
5	auf eine Beschwerde	reagieren – antworten – fragen
6	eine Mail	erhalten – bekommen – absagen

b Wie kann man es anders formulieren? Schreiben Sie Sätze wie im Beispiel.
Wandeln Sie dazu die Nomen in Verben um.

1 Erstattung des Betrags
Selbstverständlich werden wir Ihnen den Betrag erstatten.
2 Nachlieferung der fehlenden Teile
3 Abholung des defekten Gerätes
4 Rücknahme der fehlerhaften Lieferung
5 Behebung des Fehlers
6 Entschuldigung für Unannehmlichkeiten

c Schreiben Sie die Verben in die Lücken.

erhalten | anbieten | veranlassen | bitten

Erhalten:	heute 8:07 Uhr
An:	Lisa Lipscheid
Betreff:	Entschuldigung falsche Papierlieferung

Sehr geehrte Frau Lipscheid,

wir möchten für die falsche Papierlieferung an Ihre Druckerei vielmals um Entschuldigung ....1.......... . Aufgrund eines Missverständnisses bei der Auftragsweitergabe haben Sie eine Lieferung der falschen Papierart ....2.......... . Ich werde gleich heute den Versand der von Ihnen bestellten Papierart ....3.......... . Ich kann Ihnen als Wiedergutmachung einen Preisnachlass von 3 % ....4.......... .

Wir hoffen, dass Sie trotz des Vorfalls auch weiterhin unsere treuen Kunden bleiben.

Mit freundlichen Grüßen
Annette Bauer

2 Eine Kundenbeschwerde verstehen

Schon gewusst?

Im Prüfungsteil **Lesen und Schreiben** lesen Sie zwei E-Mails: eine E-Mail Ihrer Teamleitung an Sie, in der Sie gebeten werden, auf die Beschwerde einer Kundin/eines Kunden zu reagieren, und die an Sie weitergeleitete Kundenmail.

a Worüber beschwert sich der Kunde? Markieren Sie im Text die Schlüsselwörter.

Erhalten: heute 9:12 Uhr
An: Gülay Altay
Betreff: Webseite ist fehlerhaft

Sehr geehrte Frau Altay,

leider ist unsere Webseite nicht in vollem Umfang funktionstüchtig, wie von Ihnen versprochen. Die Menüpunkte sind falsch verlinkt, sodass man auf einer falschen bzw. einer leeren Unterseite landet. Die Ansicht auf dem Handy ist nicht lesbar, da sich die Größe nicht automatisch anpasst. Die Webseite soll heute aktiviert werden. Unsere Kunden sind bereits über den Neustart der Seite informiert. Beheben Sie die Fehler schnellstmöglich, sonst kann der Auftrag von uns nicht wie vereinbart bezahlt werden. Es war ein erheblicher Betrag für den Expressservice im Kostenvoranschlag aufgelistet, der im Falle weiterer Verzögerungen von uns nicht gezahlt wird.

Mit freundlichen Grüßen
Carsten Schmidt

b Lesen Sie die E-Mail in 2a noch einmal. Welche Lösung (a, b, oder c) passt am besten? Kreuzen Sie an.

1 Herr Schmidt beschwert sich, dass
- a ☐ die Kunden bereits informiert sind.
- b ☐ die Webseite nicht lesbar ist.
- c ☐ die Internetseite nicht funktioniert.

2 Die Firma soll
- a ☐ den Auftrag stornieren.
- b ☐ die Seite korrigieren.
- c ☐ die Handyansicht ändern.

3 Herr Schmidt möchte
- a ☐ einen Rabatt erhalten.
- b ☐ den Auftrag nicht bezahlen.
- c ☐ den Preis für die Zusatzleistung nur bezahlen, wenn alles schnell geht.

So geht's

Die Multiple-Choice-Aufgaben in diesem Prüfungsteil helfen Ihnen, das Anliegen der Kundin/des Kunden besser zu verstehen.

c Welche Gründe für das Problem in 2a kann es gegeben haben? Kreuzen Sie an. Es gibt mehrere Möglichkeiten. Vergleichen Sie im Kurs.

a ☐ Es sind zu viele Menüpunkte auf der Internetseite.
b ☐ Die Internetseite wurde wegen der Dringlichkeit nicht noch einmal gecheckt.
c ☐ Die Internetverbindung ist schwach.
d ☐ Der Chef hatte Urlaub.
e ☐ Der Mitarbeiter, der an der Webseite gearbeitet hat, war krank.
f ☐ Es gab einen Systemausfall, sodass die finale Prüfung der Webseite nicht erfolgen konnte.

3 Die Anweisungen der Teamleitung verstehen

Welche Anweisungen der Teamleitung für das Beantworten der Kundenmail finden Sie in der E-Mail? Lesen Sie und machen Sie Notizen.

Erhalten: heute 10:12 Uhr
Von: Gülay Altay
An: ...
Betreff: Beschwerde Internetseite funktioniert nicht

Hallo,
diese Mail habe ich gerade bekommen, sie ist dringend zu beantworten. Bitte antworten Sie dem Kunden sehr höflich und entschuldigen Sie sich für die Unannehmlichkeiten. Sie können gern schreiben, wie es zu dem Problem gekommen ist.
Ganz wichtig: Schreiben Sie dem Kunden, dass bis heute Nachmittag alles behoben sein wird, sodass die Seite heute noch aktiviert werden kann. Bieten Sie bitte einen Preisnachlass an. Der Kunde braucht den Expresszuschlag nicht zu bezahlen.
Vielen Dank und viele Grüße
Gülay Altay

So geht's

In der Mail der Teamleitung müssen Sie die Punkte finden, auf die Sie in Ihrer Antwortmail eingehen sollen. Unterstreichen Sie die relevanten Textstellen, damit Sie keinen Punkt vergessen.

Platz für Notizen

4 Die Anweisungen der Teamleitung umsetzen

a Was passt zusammen? Ordnen Sie zu.

1 Bezugnehmend
2 Wir entschuldigen uns
3 Es tut uns leid,
4 Zu unserem Bedauern
5 Ich versichere Ihnen,
6 Als Entgegenkommen
7 Sie brauchen
8 Die finale Prüfung der Webseite

a dass die Webseite nicht in vollem Umfang funktionstüchtig ist.
b biete ich Ihnen einen Preisnachlass an.
c dass die Webseite bis heute Nachmittag voll funktionstüchtig ist.
d auf Ihre Beschwerde ...
e für die Unannehmlichkeiten.
f hatten wir gestern einen Systemausfall des Netzwerks.
g konnte daher nicht erfolgen.
h den Expresszuschlag nicht zu bezahlen.

So geht's

In Ihrer Antwortmail sollen Sie zu jedem Punkt der Teamleitung etwas an die Kundin / den Kunden schreiben. Wichtig dabei ist, dass Sie sich in formeller Sprache ausdrücken und höfliche Redemittel verwenden. Achten Sie in der Antwortmail auch auf angemessene **Anrede-** und **Abschlussformeln.**

b Ordnen Sie die Sätze aus 4a den Kategorien zu.

a sich für das Problem entschuldigen

....

....

b begründen, wie es zu dem Problem gekommen ist

....

....

c Lösungsmöglichkeiten anbieten

....

....

c Kreuzen Sie die Anrede- und Abschlussformeln an, die für eine Kundenmail in Frage kommen.

1 ☐ Sehr geehrter Herr ..., / Sehr geehrte Frau ...,
2 ☐ Viele Grüße
3 ☐ Lieber Herr ..., / Liebe Frau ...,
4 ☐ Herzliche Grüße
5 ☐ Hallo ...,
6 ☐ Hallo zusammen,
7 ☐ Grüße
8 ☐ Lieber ..., / Liebe ...,
9 ☐ Mit freundlichen Grüßen
10 ☐ Herzlichst

d Schreiben Sie jetzt die Antwortmail. Verwenden Sie die Sätze aus 4a. Achten Sie auf die Anrede- und Grußformel.

So geht's

Auf dem Aufgabenblatt, das Sie in der Prüfung erhalten, ist Platz für Notizen. Dort können Sie Ihre Ideen notieren. Solche Notizen sind für das Formulieren der Mail sehr hilfreich, aber diese werden nicht bewertet. Schreiben Sie deshalb Ihre Antwortmail **direkt auf dem Antwortbogen**, denn das spart Zeit.

5 Beispieltexte

a Lesen Sie die folgende Aufgabenstellung. Machen Sie sich Notizen, was Sie zu den einzelnen Punkten schreiben könnten.

Ihre Teamleitung leitet Ihnen die E-Mail von einem Kunden weiter und bittet Sie zu antworten. Schreiben Sie eine E-Mail an den Kunden. Setzen Sie dabei alle Punkte Ihrer Teamleitung um. Achten Sie darauf, dass Sie dem Kunden gegenüber eine angemessene Sprache verwenden (Anrede, Höflichkeit, formelle Sprache etc.).

Erhalten: heute, 8:15 Uhr
Von: Claudia Galeano
An: kundenservice@it.com

Betreff: FW: Beschwerde über Ihren Service

Hallo,

ich leite Ihnen die Mail von unserem Kunden weiter. Bitte kümmern Sie sich darum und antworten Sie ihm höflich. Das ist unser erster Auftrag von Herrn Mateusz und wir möchten ihn von unserem guten Service überzeugen. Sie können ihm ruhig schreiben, wie es zu den Problemen gekommen ist. Bitte schreiben Sie ihm auch, welche Lösung wir anbieten können.

Vielen Dank.

Viele Grüße

Claudia Galeano

Teamleiterin

Erhalten: gestern, 17:35 Uhr
Von: Pawel Mateusz
An: Claudia Galeano

Betreff: Beschwerde über Ihren Service

Sehr geehrte Frau Galeano,

wir haben Sie letzte Woche beauftragt, unsere neue Telefonanlage zu installieren und IT-Zugänge einzurichten. Wir sind mit Ihren Leistungen leider gar nicht zufrieden, da es in beiden Bereichen Schwierigkeiten gibt.

Erstens funktioniert die Telefonanlage nicht richtig: Die Marketingabteilung bekommt seit gestern gar keine Anrufe mehr und die telefonischen Produktanfragen landen jetzt in der Buchhaltung.

Zweitens sollte für die neuen Kollegen ein Zugang zu unserem internen Netzwerk eingerichtet werden. Ihr Mitarbeiter ist jedoch gestern zu dem vereinbarten Termin nicht erschienen. So etwas haben wir bei anderen Dienstleistern noch nie erlebt.

Aufgrund der technischen Probleme können unsere Mitarbeiter nicht effizient arbeiten. Wir haben gestern mehrmals ohne Erfolg versucht, Ihre Firma telefonisch zu erreichen, um Sie darüber zu informieren. Bitte melden Sie sich umgehend, damit die Probleme gelöst werden können.

Mit freundlichen Grüßen,

Pawel Mateusz

b Lesen Sie nun zwei Texte von Prüfungsteilnehmenden. Markieren Sie in den Texten, wo sie über folgende Punkte schreiben: Entschuldigung – Grund – Lösung – Gruß.

Schreibleistung 1

Sehr geehrter Herr Mateusz,

vielen Dank für Ihre E-Mail von gestern. Es tut uns sehr leid, dass Sie mit unseren Leistungen nicht zufrieden sind. Wegen den Krankenmeldungen von unseren Mitarbeitenden, haben wir leider unsere Azubis Ihnen für die Installierung von Telefonanlage geschickt. Leider bis jetzt haben wir immer noch nicht gesunde Mitarbeitende in der Firma, deswegen können wir den Termin von gestern nicht erschienen.
Wir bedauern sehr, dass wir Ihnen nicht richtigzeitig informieren könnten.
Um dieses Problem zu behuben, können wir eine andere Firma sofort kontaktieren, mit der wir schon früher zusammengearbeitet. Bitte teilen Sie uns mit, ob dass Ihnen passt. Wir hoffen, Sie weiterhin in unseren Kundenkreis zahlen zu dürfen.

Mit freundlichen Grüßen
Natascha W.

Schreibleistung 2

Sehr geerter Herr Mateuz,

wir haben ihre Beschwerde E-Mail bekommen. Bitte entschuldigen sie unserer Fehler. Der Grund, dass bei ihnen die Telefonanlage nicht funktioniert, und dass gestern bei ihnen niemand erscheint hat ist, dass zwei unserer Mitarbeitern krank geworden sind, und wir haben viele vereinbarten Termine, auf denen wir erscheinen müssen. Wir sind momentan in eine weniger Zahl, deshalb kamm gestern leider niemand bei ihnen. Wir werden uns darauf kümmern, das solche Fehlern nicht in Zunkunft wieder passieren.

Mit Freundlichen Grüßen,
Antonio P.

c Wie werden in den Texten einzelne Sätze miteinander verknüpft? Suchen Sie Beispiele. Gibt es Stellen in den Texten, die nicht so gut verknüpft sind? Sammeln Sie Vorschläge, wie man es besser machen kann.

d Enthalten die beiden Texte Grammatik- oder Wortschatzfehler? Korrigieren Sie.

Schreibleistung 2, Zeile 1: ~~Sehr geerter~~ Sehr geehrter

e Passen die Anrede und die Grußformel zur Situation? Diskutieren Sie.

f Welche Formulierungen und Satzanfänge sind Ihrer Meinung nach weniger komplex und welche sind sprachlich anspruchsvoller? Formulieren Sie die einfachen Sätze um.

Schreibleistung 2, Zeile 2: ~~Bitte entschuldigen sie unserer Fehler.~~
Wir bitten Sie, unseren Fehler zu entschuldigen.

6 Prüfungsaufgabe: Lesen und Schreiben

Ihre Teamleitung leitet Ihnen die E-Mail von einer Kundin weiter und bittet Sie zu antworten.

Erhalten: heute, 13:27 Uhr
Von: Michael Kögel
An: kundencenter@renovierungsteam.org

Betreff: FW: Renovierungsarbeiten

Hallo,

ich habe eben diese Mail von einer Kundin bekommen. Bitte erklären Sie ihr, wie es zu der Situation gekommen ist und wie wir den vereinbarten Termin trotzdem halten können. Antworten Sie bitte sehr höflich. Wir möchten den guten Ruf unserer Firma nicht gefährden.

Viele Grüße
M. Kögel

Erhalten: heute, 12:43 Uhr
Von: Zofia Mauch
An: Michael Kögel

Betreff: Renovierungsarbeiten

Sehr geehrter Herr Kögel,

Ihre Firma ist für qualitativ hochwertige und termingerechte Leistungen bekannt. Aus diesem Grund haben wir uns auch entschieden, Sie mit der Renovierung unserer Geschäftsräume zu beauftragen. Die Arbeiten sind anfangs gut angelaufen und zügig vorangekommen, aber seit einigen Wochen sehen wir kaum noch Fortschritte. Die Arbeiter kommen entweder gar nicht oder nur stundenweise. Auf unsere Nachfrage hin erklärten sie uns, dass sie auf einer anderen Baustelle gebraucht würden.

Unser 30-jähriges Firmenjubiläum soll am 6. September in den renovierten Räumlichkeiten gefeiert werden. Sie hatten uns zugesichert, dass alle Arbeiten zehn Tage vor diesem Termin abgeschlossen wären. Inzwischen frage ich mich allerdings, ob Sie diese Vereinbarung einhalten können: Das Parkett wurde noch nicht verlegt, die Türen und Fenster sind noch nicht eingebaut und die Beleuchtung wurde nicht einmal geliefert.

Bitte teilen Sie mir umgehend mit, wie es mit der Renovierung nun weitergeht.

Freundliche Grüße
Zofia Mauch

Welche Lösung (a, b oder c) passt am besten? Kreuzen Sie an.

Nicht vergessen!
Achten Sie darauf, welche der beiden E-Mails von der Teamleitung und welche von der Kundin / dem Kunden ist.

1 Frau Mauch schreibt, dass die Arbeiten
- **a** ☐ in der letzten Zeit öfter liegengeblieben sind.
- **b** ☐ schnell, aber nicht sorgfältig ausgeführt werden.
- **c** ☐ von Anfang an zu langsam durchgeführt wurden.

2 Um die Renovierungsarbeiten zu beenden, hat die Firma noch
- **a** ☐ bis Ende August Zeit.
- **b** ☐ bis zum 6. September Zeit.
- **c** ☐ zehn Tage Zeit.

3 Schreiben Sie eine E-Mail an die Kundin. Setzen Sie dabei alle Punkte Ihrer Teamleitung um. Achten Sie darauf, dass Sie der Kundin gegenüber eine angemessene Sprache verwenden (Anrede, Höflichkeit, formelle Sprache etc.).

1 Gespräche mit Kollegen und Vorgesetzten

a Kombinieren Sie die Worthälften und bilden Sie Wörter.

~~Dienst~~	Arbeits	Schicht
Krank	Rund	Urlaubs
Herbst	Arbeits	Personal
Vor	Geschäfts	Unter

anweisung	~~leister~~	antrag
gang	dienst	führung
meldung	nehmen	ferien
platz	abteilung	gesetzter

Dienstleister, ...

b Was passt zusammen? Lesen Sie die Situationen 1–6 und die Gesprächsausschnitte a–f und ordnen Sie zu.

1 ☐ Besuch in der Personalabteilung
2 [a] Vorstellen der Kollegen
3 ☐ erste Arbeitsanweisungen
4 ☐ Informationen zu Arbeitsabläufen
5 ☐ Rundgang durch den Betrieb
6 ☐ Informationen zum Unternehmen

a „Das ist Herr Karcili. Er arbeitet in der Buchhaltung und wird Ihnen in der nächsten Zeit als Pate zur Seite stehen. “

b „Kommen Sie, ich zeige Ihnen zuerst die Räumlichkeiten hier im Hauptgebäude. Hier rechts ist einer der beiden großen Besprechungsräume und dort drüben beginnt der Laborbereich.“

c „So, der Arbeitsvertrag ist unterschrieben ... Hier ist der Sozialversicherungsausweis, die Lohnsteuerkarte ... Prima, damit sind die Unterlagen komplett.“

d „Das Team organisiert sich weitgehend selbst. Wir beginnen jede Woche mit einem Meeting, in dem jeder kurz berichtet, woran er gerade arbeitet. Wenn es Probleme gibt, suchen wir gemeinsam nach Lösungen.“

e „Unsere Parfümerie wurde – wie Sie wissen – vor über 50 Jahren gegründet. Wir sind seither stark gewachsen und haben unsere Produktpalette ständig erweitert.“

f „Nachdem Sie Ihre Arbeitskleidung angezogen haben, gehen Sie bitte zu Herrn Clauser und helfen ihm, die Sicherheitskameras zu installieren.“

c Denken Sie an Ihren ersten Arbeitstag in einem neuen Job oder Praktikum. Sprechen Sie in Kleingruppen über Ihre Erfahrungen.

- Begrüßung und erste Gespräche mit Ihrer / Ihrem Vorgesetzten
- Kennenlernen der Kolleginnen und Kollegen
- Rundgang durch die Räumlichkeiten und über das Firmengelände
- Informationen über die Firma
- Formalitäten für die Personalabteilung
- Kennenlernen Ihres Arbeitsplatzes und erste Anweisungen

d Sie hören drei Gespräche am Arbeitsplatz. Was haben die Gespräche gemeinsam? 2

In allen drei Gesprächen geht es um

a ☐ Arbeitsanweisungen von Vorgesetzen.
b ☐ das Thema „Krankmeldungen".
c ☐ die Absprache von Arbeitszeiten.

e Hören Sie noch einmal. Sind die Aussagen richtig oder falsch? Kreuzen Sie an. 2

		✓	✗
1	Herr Gussmann übernimmt am Freitag den Spätdienst für einen kranken Kollegen.	☐	☐
2	Vanessa möchte während der Herbstferien mindestens eine Woche freihaben.	☐	☐
3	Johanna vertritt eine Kollegin, die zurzeit im Urlaub ist.	☐	☐

f Was passt zusammen? Verbinden Sie.

1	Bis wann hat sich Frau Hoffmann	a	übernehmen?
2	Wer kann kurzfristig für Frau Hoffmann	b	vertreten?
3	Für wie lange hat der Arzt Herrn Sambo denn	c	einspringen?
4	Können Sie den Dienst für Herrn Sambo	d	krankgemeldet?
5	Wer kann Herrn Weber während seines Urlaubs	e	tauschen?
6	Kann jemand die Schicht mit mir	f	krankgeschrieben?

g Sprechen Sie in Kleingruppen über die Fragen unten. Wenn Sie zurzeit nicht arbeiten, sprechen Sie über einen früheren Job.

- Haben Sie in Ihrem Beruf Schichtdienst (Früh-, Spät-, Nachtdienst, Wechselschicht)?
- Gibt es bei Ihnen oft Änderungen im Dienstplan oder sind Ihre Arbeitszeiten immer gleich?
- Wie ist die Urlaubsplanung in Ihrer Firma geregelt?
- Was passiert, wenn sich eine Kollegin oder ein Kollege krankmeldet?

2 Mit Lieferanten oder Dienstleistern sprechen

a Lesen Sie und unterstreichen Sie das richtige Wort.

1 Wir **bräuchten / wünschten** die Lieferung bis spätestens Mittwochnachmittag. Denken Sie, das ist machbar?
2 Bei **einer Abnahme / einem Betrag** von 500 Stück kann ich Ihnen einen Preisnachlass anbieten.
3 **Bedauerlich / Leider** ist es uns nicht möglich, die Maschine so schnell zu reparieren.
4 Sind Sie in der **Möglichkeit / Lage**, den Teppichboden in den Büroräumen bis zum Ende der Woche zu verlegen?
5 Gegen einen **Stückpreis / Aufpreis** liefern wir auch **innerhalb / inzwischen** von 24 Stunden.
6 Die Lieferung erfolgt **voraussichtlich / absichtlich** am Donnerstag, den 15. Juni.

b Ergänzen Sie die passenden Wörter.

andererseits | entweder | sondern | nicht nur | sowohl | zwar

1 Die Lampen sind .... günstig, aber trotzdem hochwertig und elegant.
2 Das Gerät ist nicht nur sehr klein, ... auch leicht zu bedienen.
3 Selbstverständlich haben wir die Arbeitsschuhe .... für Damen als auch für Herren.
4 Ich kann Ihnen die Jacken .... in Dunkelblau oder in Schwarz anbieten.
5 Einerseits ist das Produkt gut verarbeitet, ... ist es nicht so vielseitig einsetzbar.
6 Der Liefertermin ist .... ungünstig, sondern auch viel zu spät.

c Bringen Sie die Wörter in die richtige Reihenfolge.

1 Meinung / nach / meiner
.... sollten wir uns für diesen Lieferanten entscheiden. Mich überzeugen die Qualität seiner Produkte und die niedrigen Preise.

2 dass / der / , / ich / Auffassung / bin
.... wir unser Serviceangebot erweitern sollten. Neben der telefonischen Beratung könnten wir auch Sprechzeiten online anbieten.

3 ab / hängt / das / davon
Ich weiß nicht, ob wir uns vor dem Termin mit dem Kunden noch einmal abstimmen könnten. ...., wie viel Zeit wir noch haben.

4 an / darauf / es / kommt
Ich weiß nicht, ob wir unseren Lieferanten wechseln sollten. ...., was die Konkurrenz anbietet.

3 Erkennen, worum es geht

Schon gewusst?

In der Prüfungsaufgabe **Hören Teil 1** gibt es drei Gespräche zwischen Kolleginnen und Kollegen, mit Vorgesetzten oder mit Lieferanten und Dienstleistern. Zu jedem Gespräch gibt es zwei Aufgaben: eine Richtig/Falsch-Aufgabe zum Globalverstehen und eine Multiple-Choice-Aufgabe zum Detailverstehen.

In der Aufgabe zum **Globalverstehen** sollen Sie zeigen, dass Sie erkennen können, worum es in dem Gespräch geht.

a Hören Sie drei kurze Gesprächsausschnitte und ordnen Sie sie den Bildern zu. 3

1 

Gespräch ☐

2 

Gespräch ☐

3 

Gespräch ☐

b Hören Sie nun längere Gesprächsausschnitte. Was ist richtig? Kreuzen Sie an. 4

1 Die Frau spricht über
- a ☐ den Ablauf des Rundgangs durch die Firma.
- b ☐ die aktuellen Projekte im Team.
- c ☐ die Zusammenarbeit zwischen den Teams.
- d ☐ die Zuständigkeiten der Kolleginnen und Kollegen.

2 Toni soll
- a ☐ einen neuen Kollegen einarbeiten.
- b ☐ die Aufgaben eines Kollegen übernehmen.
- c ☐ sich um Kundenbeschwerden kümmern.
- d ☐ Termine mit Kunden verschieben.

3 Die Anruferin möchte
- a ☐ eine Bestellung ändern.
- b ☐ eine falsche Lieferung reklamieren.
- c ☐ sich für ein Geschenk bedanken.
- d ☐ über den Preis verhandeln.

4 Einzelheiten verstehen

Schon gewusst?

Die Aufgabe zum **Detailverstehen** prüft, ob Sie in der Lage sind, Einzelheiten zu einem Teilaspekt des Gesprächs zu verstehen. Lesen Sie die Aufgaben am besten schon, bevor die Tonaufnahme abgespielt wird, um zu wissen, um welchen Teilaspekt es geht.

Sie bekommen in der Prüfung keine zusätzliche Zeit zum Lesen der Aufgaben. Nutzen Sie deshalb auch die Pausen zwischen den Dialogen. Sie hören die Texte nur **einmal.** Kreuzen Sie daher Ihr Ergebnis direkt an.

4 Lesen Sie die Aufgaben. Hören Sie dann die Gesprächsausschnitte aus 3b noch einmal und kreuzen Sie an.

Nicht vergessen!
Nutzen Sie die Pausen zwischen den Hörtexten, um die nächste Aufgaben zu lesen und Schlüsselwörter zu markieren.

1 Herr Pütz
- a ☐ gestaltet die Internetseite.
- b ☐ hat den gleichen Beruf wie Frau Fadil.
- c ☐ hat ein großes Büro für sich allein.

2 Mustafa
- a ☐ hat sich für den Rest der Woche krankgemeldet.
- b ☐ kommt wahrscheinlich am Freitag wieder.
- c ☐ muss diese Woche am Samstag nicht arbeiten.

3 Die Regenschirme
- a ☐ kosten weniger als 6 Euro pro Stück.
- b ☐ können nicht nachbestellt werden.
- c ☐ werden Ende Juni geliefert.

5 Mit längeren Hörtexten umgehen

So geht's

In der Prüfung hören Sie längere Dialoge. Achten Sie beim Hören besonders auf die Fragen zum **Detailverstehen.** Viele Prüfungsteilnehmende finden es hilfreich, diese Fragen zuerst zu beantworten und die Frage zum Globalverstehen zum Schluss. Probieren Sie aus, ob das für Sie auch zutrifft.

a Lesen Sie die drei Aufgaben in 5b. In welchen Aufgaben geht es um Detailverstehen? Kreuzen Sie an.

in Aufgabe 1 ☐ 2 ☐ 3 ☐

5 **b** Hören Sie nun ein längeres Gespräch am ersten Arbeitstag und kreuzen Sie an.

	✓	✗
1 Herr Romanenko gibt Herrn Peters einen Überblick über den Ablauf des ersten Arbeitstages.	☐	☐

2 Herr Peters soll die Formalitäten für die Personalabteilung
- a ☐ in eineinhalb Stunden erledigen.
- b ☐ nach der Mittagspause erledigen.
- c ☐ während des Rundgangs erledigen.

3 Herr Peters soll
- a ☐ das Protokoll des letzten Teammeetings lesen.
- b ☐ die Bedienanleitung der Telefonanlage lesen.
- c ☐ die Information in der Willkommensmappe lesen.

6 Prüfungsaufgabe: Hören Teil 1

6

Sie hören drei Gespräche. Zu jedem Gespräch gibt es zwei Aufgaben. Ist die Aussage dazu richtig oder falsch und welche Antwort (a, b oder c) passt am besten? Markieren Sie Ihre Lösungen für die Aufgaben 1–6. Sie hören die Gespräche **einmal.**

Nicht vergessen!

Die Frage zum **Globalverstehen** ist immer eine Richtig/Falsch-Frage.

Beim **Detailverstehen** sollen Sie aus drei möglichen Antworten die richtige auswählen.

Schon gewusst?

Zu jeder Prüfungsaufgabe gehört eine **Arbeitsanweisung,** die immer gleich ist. Wenn Sie die Arbeitsanweisungen gut kennen, hilft Ihnen das in der Prüfung:
- Sie sind entspannter, weil Sie schon wissen, wie die Aufgabe funktioniert.
- Sie müssen die Arbeitsanweisungen nicht mehr genau lesen und sparen dadurch Zeit.

Im Prüfungsteil **Hören** wird bei jeder Aufgabe zuerst die **Arbeitsanweisung** abgespielt. Diese Zeit können Sie nutzen, um schon die ersten Fragen zu lesen.

	✓	✗
1 Die Teamleiterin gibt einen Überblick über den Ablauf der Einarbeitung.	☐	☐

2 Am Nachmittag soll Herr Tamura
- **a** ☐ an einer Schulung teilnehmen.
- **b** ☐ erste Aufgaben selbstständig bearbeiten.
- **c** ☐ sich mit Frau Frey zusammensetzen.

	✓	✗
3 Beide Mitarbeiterinnen sind bereit, zwischen Weihnachten und Neujahr zu arbeiten.	☐	☐

4 Dieses Jahr möchte Greta
- **a** ☐ am 22. und 23. Dezember nur vormittags arbeiten.
- **b** ☐ über die Weihnachtstage zu ihrer Familie reisen.
- **c** ☐ zwei Urlaubstage vor Weihnachten nehmen.

	✓	✗
5 Der Kunde ruft an, weil er auf bestellte Jacken wartet.	☐	☐

6 Die Mitarbeiterin empfiehlt eine Jacke, die
- **a** ☐ man bei 40 Grad waschen kann.
- **b** ☐ Schutz vor Regen bietet.
- **c** ☐ weniger als 40 Euro kostet.

So geht's

In den Dialogen hören Sie meistens zwei Personen, es können aber auch mehr sein.

1 Die Atmosphäre am Arbeitsplatz

a Markieren Sie die sechs Adjektive in der Wortschlange.

umkonservativigerinrespektlosiclischangemessenseimutraditionsreichlichlockermuförmliching

b Ergänzen Sie die Sätze. Benutzen Sie die Wörter aus 1a.

Erich, Brauer und Mälzer

1 Ich arbeite in der Produktion einer Brauerei. Unser Bier ist ……1…… und weltweit bekannt. Das Unternehmen wirkt nach außen hin eher konservativ, dabei ist es intern ganz modern. Auch die Arbeitsatmosphäre ist bei uns ziemlich ……3……. Wir sind alle per Du und jeder hat die Möglichkeit, seine Meinung zu sagen. Das finde ich sehr angenehm.

2 Ich leite die Personalabteilung eines 5-Sterne-Hotels. Bei uns wird viel Wert auf einen höflichen und professionellen Umgang gelegt. Das Personal zu duzen wäre ……4……. Sogar die Auszubildenden werden ganz ……5…… mit „Sie" angesprochen. Das erscheint vielleicht übertrieben, aber ich denke, für ein gehobenes Hotel ist es ……6…….

Olena, Personalleiterin

2 „Du" oder „Sie"

Was passt: a, b oder c? Kreuzen Sie an.

1 Ich würde eine neue Kollegin oder einen neuen Kollegen niemals ungefragt ……….
a ☐ Du sagen b ☐ duzen c ☐ per Du sein

2 Ich finde es nicht schlimm, wenn der jüngere Kollege dem älteren das Du ……….
a ☐ anbietet b ☐ mitteilt c ☐ vorstellt

3 Wir kennen uns schon lange, aber wir sind immer noch ……….
a ☐ gesiezt b ☐ per Sie c ☐ Sie sagen

4 Bei uns ist es ganz normal, dass sich alle mit Sie ……….
a ☐ ansprechen b ☐ besprechen c ☐ entsprechen

3 Meinungen und Standpunkte verstehen

a Sie hören drei Gespräche zum Thema „Teambuilding". Wie ist die Einstellung der Personen zu einem Teambuilding-Tag? Ordnen Sie zu. 7

sehr positiv ☺☺	**eher positiv** ☺	**negativ** ☹
Gespräch	Gespräch	Gespräch ....

b Hören Sie einige Gesprächsausschnitte noch einmal und ergänzen Sie. 8

- ■ Endlich ....1.......... nicht den ganzen Tag im Büro sitzen.
- □ Genau. Das wird bestimmt ....2.......... lustig.
- ● Also, ...3.......... bin ich ....4.......... kein großer Fan von Teambuilding-Veranstaltungen, ...
- ▷ Ist die Teilnahme ....5.......... verpflichtend?
- ▶ Na klar, was hast du ....6.......... gedacht?
- ▷ Ich hab's befürchtet. Tja, dann müssen wir da jetzt ....7.......... durch.

So geht's

Achten Sie auch auf die „kleinen" Wörter! Partikeln sind kurze Wörter im Satz, mit denen man

- die persönliche Einstellung ausdrücken kann (z. B. *wohl, denn, vielleicht, ja, mal, eigentlich, eben*),
- eine Aussage verstärken oder abschwächen kann (z. B. *total, völlig, ziemlich, sehr, etwas, ein bisschen, kaum*),
- eine Aussage einschränken oder hervorheben kann (z. B. *nur, wenigstens, zumindest, vor allem, sogar*).

c Lesen Sie das Beispiel und bringen Sie dann die Wörter in die richtige Reihenfolge.

1 ~~gar nicht~~ | etwas | außergewöhnlich | ziemlich

2 recht | extrem | überhaupt nicht | nicht so

Das Meeting war .... / .... / .... / *gar nicht* langweilig.

Die Idee ist .... / .... / .... / .... gut.

d Welche Bedeutung haben die markierten Wörter in den Beispielsätzen? Ordnen Sie zu.

1	Ich habe die Kollegen **doch** schon informiert.	a	etwas Unangenehmes akzeptieren
2	Sprich doch **mal** mit der Teamleitung!	b	sich rechtfertigen
3	Du kannst mein Handy **ruhig** benutzen.	c	etwas erlauben
4	Die Veranstaltung wird **wohl** nicht stattfinden.	d	jemanden freundlich auffordern
5	Ich kann **eben** nicht so gut organisieren.	e	etwas vermuten

6	Ehrlich? Willst du **wirklich** kündigen?	f	an etwas Bekanntes erinnern
7	Das habe ich dir **doch** gestern schon erzählt.	g	jemanden ermuntern
8	Dann müssen wir **halt** auf den Kollegen warten.	h	jemanden warnen
9	Sag das **bloß** nicht dem Chef!	i	etwas nicht glauben können
10	Ruf ihn **ruhig** an!	j	etwas Unangenehmes akzeptieren

4 Meinungen und Argumente verstehen

a Lesen Sie den Text und überlegen Sie, welche Argumente für und gegen einen Hund am Arbeitsplatz sprechen könnten. Diskutieren Sie dann in kleinen Gruppen.

Vierbeinige Kollegen?

Viele Unternehmen erlauben ihren Mitarbeiterinnen und Mitarbeitern, ihren Hund mit ins Büro zu bringen. Die Meinungen dazu sind jedoch unterschiedlich. Manche halten einen Bürohund für keine gute Idee und sehen allerlei Nachteile. Andere wiederum finden, dass die Anwesenheit eines Hundes einen positiven Effekt auf den Arbeitsalltag hat.

So geht's

Achten Sie beim Hören darauf, mit welchen Argumenten die Personen ihre Meinungen stützen und welche Begründungen und Beispiele sie geben.

9 **b** Welche Aussagen sind richtig? Hören Sie das Gespräch und kreuzen Sie an.

1 Welche Argumente hören Sie, die für einen Hund im Büro sprechen?

a ☐ Ein Bürohund ist gut für den Zusammenhalt zwischen den Mitarbeitern.

b ☐ Ein Bürohund kann dazu beitragen, Stress zu reduzieren.

c ☐ Ein Bürohund sorgt dafür, dass sich die Mitarbeiter mehr bewegen.

2 Welche Gegenargumente werden erwähnt?

a ☐ Hunde machen Lärm und stören bei der Arbeit.
b ☐ Manche Menschen reagieren allergisch auf Tierhaare.
c ☐ Viele Leute haben Angst vor Hunden.

c Lesen Sie die Meinungen in einem Internetforum. Welcher Satz passt jeweils in die Lücke? Ordnen Sie zu. Ein Satz passt nicht.

a Ich denke, dass sich das auch positiv auf die Gesundheit der Angestellten auswirkt.
b Ein Hund stellt eine viel zu große Ablenkung dar.
c Hunde bringen Schmutz mit ins Büro.
d Ein Hund sollte nur mitgebracht werden, wenn das ganze Team einverstanden ist.
e Nicht jeder Hund ist als Bürohund geeignet.

1 Ich mag Tiere und habe grundsätzlich überhaupt kein Problem damit, wenn jemand seinen Hund mitbringt. Trotzdem: .... Er muss gut erzogen sein und darf nicht ständig bellen. Der Hund sollte auch kein Chaos anrichten oder auf irgendwelchen Kabeln herumkauen oder so was.

2 Ein Hund im Büro? Finde ich super. .... Der Hund muss mehrmals am Tag raus an die frische Luft und sorgt so dafür, dass sich die Mitarbeiter mehr bewegen. Das ist besonders wichtig für all diejenigen, die den ganzen Tag am Schreibtisch sitzen – so wie ich.

3 Also, ich kenne Leute, die echt Angst vor Hunden haben oder eine Allergie gegen Tierhaare. Das muss man im Vorfeld unbedingt abklären. .... Ach ja, und die Erlaubnis des Chefs sollte man natürlich auch einholen.

4 .... In meinem Job muss ich sehr konzentriert arbeiten, und das könnte ich gar nicht, wenn da ständig ein Tier herumläuft, das gestreichelt oder gefüttert werden will. Ich denke, dass es anderen ähnlich geht. Wie will man denn seine Arbeit schaffen, wenn man ständig nach dem Hund schauen muss?

Schon gewusst?

In der Prüfungsaufgabe **Hören Teil 2** wird **Globalverstehen** geprüft. Sie sollen zeigen, dass Sie die Hauptaussagen von vier Gesprächen zwischen Kolleginnen und Kollegen erfassen können. Es sprechen jeweils zwei oder drei Personen. Die Sprache ist informeller als bei Hören Teil 1.

In den Gesprächen tauschen sich die Personen zu einem Thema aus, das sie gerade am Arbeitsplatz beschäftigt. Dabei kommen persönliche **Meinungen, Gefühle** und **Einstellungen** zum Ausdruck.

5 Zustimmung ausdrücken

10 **a** Sie hören drei Dialoge zu unterschiedlichen Themen. In welchen Dialogen haben die Sprecherinnen/Sprecher die gleiche Meinung? Kreuzen Sie an.

Dialog 1 ☐ Dialog 2 ☐ Dialog 3 ☐

b Welche Ausdrücke kann man verwenden, um Zustimmung auszudrücken? Bringen Sie die Wörter in die richtige Reihenfolge.

1 genauso / ich / Das / sehe ....
2 ich / recht / gebe / Da / dir / völlig ....
3 zustimmen / nur / dir / kann / Ich ....
4 Meinung / bin / Da / ganz / ich / deiner ....
5 absolut / Du / recht / hast ....

6 Gespräche und Aussagen zuordnen

Schon gewusst?

Hören Teil 2 ist eine **Zuordnungsaufgabe.** Es gibt vier Gespräche und sechs Aussagen dazu. Sie sollen entscheiden, welche Aussage zu welchem Gespräch passt. Zwei Aussagen passen nicht.

a Sie hören gleich zwei Gespräche. Lesen Sie zuerst die Aussagen a–c. Was glauben Sie, worum geht es wohl in den Gesprächen? Kreuzen Sie an.

1 ☐ warum die Bahn oft unpünktlich ist 2 ☐ wie die Mitarbeiter zur Arbeit kommen

a Man sollte nicht länger als eine halbe Stunde zur Arbeit pendeln.
b Wer mit dem Auto zur Arbeit fährt, belastet die Umwelt.
c Wenn man mit der Bahn fährt, kommt man entspannter zur Arbeit.

So geht's

Sie haben in der Prüfung **eine Minute** Zeit, **um die Aussagen zu lesen.** Überfliegen Sie die Aussagen zunächst einmal kurz, um herauszufinden, welches **gemeinsame Thema** die Gespräche haben.

Lesen Sie dann noch einmal genauer, um die einzelnen Aussagen zu verstehen, und unterstreichen Sie **Schlüsselwörter.** Das hilft Ihnen, sich auf das Wichtigste zu konzentrieren.

b Lesen Sie die Aussagen in 6a noch einmal und unterstreichen Sie die Schlüsselwörter. Vergleichen Sie dann mit Ihrer Partnerin/Ihrem Partner, welche Wörter Sie unterstrichen haben und warum.

c Hören Sie nun die Gespräche und entscheiden Sie, welche Aussage aus 6a dazu passt. 11

Zu Gespräch 1 passt Aussage ....

Zu Gespräch 2 passt Aussage ....

So geht's

Nachdem Sie die Aufgabe gelöst haben, lesen Sie die Hörtexte aufmerksam durch. Überlegen Sie, warum eine Aussage besser zu einem Gespräch passt als die anderen und an welchen Textstellen oder Formulierungen Sie erkennen, dass die Aussage passt.

7 Prüfungsaufgabe: Hören Teil 2

Sie hören vier Gespräche. Welcher der Sätze a–f passt am besten zu welchem Gespräch? 12
Markieren Sie Ihre Lösungen für die Aufgaben 1–4.
Lesen Sie jetzt die Sätze a–f. Dazu haben Sie eine Minute Zeit.
Danach hören Sie die Gespräche **einmal.**

	a	b	c	d	e	f
1	☐	☐	☐	☐	☐	☐
2	☐	☐	☐	☐	☐	☐
3	☐	☐	☐	☐	☐	☐
4	☐	☐	☐	☐	☐	☐

a Arbeit im Homeoffice bedeutet niedrigere Kosten für Unternehmen.

b Angestellte sollten selbst entscheiden können, ob sie im Homeoffice arbeiten möchten.

c Durch die Arbeit im Homeoffice können gesundheitliche Probleme entstehen.

d Wenn man von zu Hause aus arbeiten kann, hat man weniger Stress.

e Wer nicht jeden Tag zur Arbeit pendeln muss, spart viel Geld.

f Zu Hause arbeitet man konzentrierter, weil man nicht von Kollegen abgelenkt wird.

Nicht vergessen!

In **Hören Teil 2** wird **globales Hören** geprüft. Sie sollen zeigen, dass Sie die Hauptaussagen der einzelnen Gespräche erfassen können.

1 Arbeitsschritte und Arbeitsabläufe

a Was sagen die Personen? Ergänzen Sie die Wörter. Ein Wort passt nicht.

Arbeitsablauf | Probedurchlauf | Qualitätssicherung | Richtlinie | Sicherungskopie

1 Die neue Maschine ist betriebsbereit. Wir machen jetzt zuerst einen ……………, um zu sehen, ob alles funktioniert.
2 Die Kundin ist sehr verärgert und ich weiß nicht, was ich ihr sagen soll. Wir brauchen eine klare …………… für den Umgang mit Beschwerden.
3 Dieser Ordner ist besonders wichtig. Davon muss am Ende des Tages immer eine …………… gemacht werden.
4 Herr Moschner ist unter anderem für die …………… zuständig und wird regelmäßige Kontrollen durchführen.

b Was passt nicht? Lesen Sie und streichen Sie eine Option durch.

1	die Arbeitsschritte	schriftlich dokumentieren – abends herunterfahren – genau besprechen
2	den Bericht über die Verkaufszahlen	vorlegen – ausdrücken – ausdrucken – vorlesen
3	den Ablauf	rechtzeitig buchen – gemeinsam durchgehen – kleinschrittig festhalten
4	die Ergebnisse der Befragung	präsentieren – überprüfen – speichern – zubereiten
5	die Unterlagen für das Meeting	zusammenstellen – durchlesen – montieren – mitnehmen
6	einen Auftrag	annehmen – bearbeiten – einchecken – erledigen – bestätigen

c Was müssen die Personen machen? Lesen Sie die Notizzettel und ergänzen Sie die Verben.

absagen | auffüllen | buchen | tanken | treffen | herunterfahren | wischen | checken

– Fußböden …………… 1
– Waschbecken reinigen
– Seifenspender …………… 2

vor Abfahrt:
– …………… 5 und
– Reifen …………… 6

– Hotelzimmer für Herrn Schmitz …………… 3
– abends: Computer …………… 4

– Vorbereitungen für die Konferenz …………… 7
– Termin mit Frau Hoffmann …………… 8

2 Merkmale einer guten Präsentation

Lesen Sie die Tipps und ergänzen Sie die Überschriften.
Eine Überschrift bleibt übrig.

a Die Präsentation strukturieren
b Bilder und Grafiken verwenden
c Auf das Publikum eingehen
d Das Thema der Präsentation klar benennen
e Nur Stichpunkte auf die Folien schreiben

Vier Tipps für eine gelungene Präsentation

Tipp 1: ....

Sagen Sie gleich zu Beginn, worum es in Ihrer Präsentation geht. Dazu können Sie Formulierungen verwenden wie:
Heute geht es um das Thema [Hygiene am Arbeitsplatz].
Ich habe Sie eingeladen, um Sie über [den geplanten Firmenumzug] zu informieren.
Ich möchte Ihnen heute [unsere Pläne für die Erweiterung der Produktionsabteilung] vorstellen.

Tipp 2: ....

Ihre Präsentation sollte einen klaren, möglichst einfachen Aufbau haben, damit das Publikum Ihren Gedanken leicht folgen kann: Unterteilen Sie Ihre Präsentation in mehrere Unterpunkte und schaffen Sie klare Übergänge von einem Punkt zum nächsten. So entsteht ein „roter Faden“, der die Zuhörerinnen und Zuhörer durch die Präsentation leitet.

Tipp 3: ....

Eine Präsentationssoftware, wie zum Beispiel PowerPoint, kann dabei helfen, den „roten Faden“ für das Publikum sichtbar zu machen. Das gelingt aber nur, wenn die Gestaltung übersichtlich ist und die Folien nicht zu voll sind. Halten Sie deshalb die zentralen Punkte Ihrer Präsentation nur stichwortartig auf den einzelnen Folien fest. Die Zuhörerinnen und Zuhörer können sich dann leicht orientieren, weil sie sofort erkennen, was wichtig ist, welche Punkte bereits besprochen wurden und welche noch kommen.

Tipp 4: ....

Planen Sie ausreichend Zeit ein, um Fragen aus dem Publikum zu beantworten. So signalisieren Sie, dass Sie an einem Austausch interessiert sind und die Zuhörerinnen und Zuhörer ernst nehmen. Sie können entweder Zwischenfragen während der Präsentation zulassen oder – wenn Sie ein allzu großes Durcheinander befürchten – das Publikum bitten, erst am Ende Fragen zu stellen.

> **Schon gewusst?**
>
> In der Prüfungsaufgabe **Hören Teil 3** hören Sie eine **Präsentation** am Arbeitsplatz. Eine Person (z. B. der Geschäftsführer, ein Mitglied des Betriebsrats etc.) informiert die Mitarbeiterinnen und Mitarbeiter über ein wichtiges Thema. Meist geht es um eine Veränderung oder Neuerung im Unternehmen (z. B. einen Firmenumzug, neue Arbeitsabläufe, die Einführung eines neuen Produkts, neue Fortbildungsmöglichkeiten).

3 Verstehen, worum es in der Präsentation geht

> **Schon gewusst?**
>
> **Hören Teil 3** besteht aus **einem Beispiel** und vier Aufgaben. Die Beispielaufgabe ist wichtig: Das Thema wird am Anfang klar gesagt, hören Sie deshalb gut zu. Lesen Sie auch die Beispielaufgabe, denn auch dort finden Sie Informationen, die Ihnen bei der Erfassung des Themas und der Situation helfen können.

13 Lesen Sie zuerst die beiden Beispielaufgaben. Hören Sie dann die Anfänge von drei Präsentationen. Welche Präsentation passt zu welcher Beispielaufgabe? Verbinden Sie.

Präsentation 1 passt zu	Beispiel 1.
Präsentation 2 passt zu	Beispiel 2.
Präsentation 3 passt zu	keinem der Beispiele.

1

Umwelt- und Klimaschutz im Unternehmen

Beispiel:

Die Präsentation hält

a [x] die Geschäftsführerin der Firma.
b [ ] eine Expertin für Klimaschutz.
c [ ] eine Politikerin.

2

Jobticket

Beispiel:

Die Firma bietet ein Jobticket an,

a [ ] um Geld zu sparen.
b [x] um zum Umweltschutz beizutragen.
c [ ] um Parkplatzprobleme zu lösen.

Schon gewusst?

Auf dem Aufgabenblatt sehen Sie links neben jeder Aufgabe **„Präsentationsfolien“**, die Ihnen einen Überblick über die wichtigsten inhaltlichen Punkte der Präsentation geben.

Lesen Sie auch die **erste Folie**, die neben der Beispielaufgabe steht.

In der Prüfung haben Sie **eine Minute Zeit**, um die Information auf den Folien und die Aufgaben zu lesen.

Folie	**Beispiel**
Folie	Aufgabe 1
Folie	Aufgabe 2
Folie	Aufgabe 3
Folie	Aufgabe 4

4 Strukturierende Elemente zur Orientierung nutzen

So geht's

Achten Sie während der Präsentation auf Formulierungen, die die Sprecherin oder der Sprecher verwendet, um Aussagen zu strukturieren oder von einem Punkt zum nächsten überzuleiten.

a Hören Sie die letzte Präsentation aus 3 weiter. Welche Formulierungen verwendet die Sprecherin? Kreuzen Sie an. 14

1 ☐ Zuerst möchte ich über ... sprechen.
2 ☐ Kommen wir zu Punkt 1 ...
3 ☐ Besonders wichtig ist folgender Aspekt ...
4 ☐ Des Weiteren ...
5 ☐ Außerdem ...
6 ☐ Ein anderer wichtiger Aspekt ist ...
7 ☐ Damit sind wir auch schon beim nächsten Punkt ...
8 ☐ Ich komme jetzt zum nächsten Teil meiner Präsentation ...
9 ☐ Soweit der zweite Teil. Nun möchte ich mich dem nächsten Punkt zuwenden.
10 ☐ Als Nächstes möchte ich zu ... übergehen.

Schon gewusst?

In diesem Prüfungsteil wird **Detailverstehen** geprüft. Sie sollen Einzelheiten zu verschiedenen Teilaspekten einer längeren Präsentation verstehen.

So geht's

Eine Schwierigkeit bei längeren Hörtexten besteht darin, dass man leicht „den roten Faden“ verlieren kann (z. B., wenn man einen Moment unkonzentriert ist) und dann wichtige Informationen nicht mitbekommt. Nutzen Sie deshalb auch die folgenden strukturierenden Elemente zur Orientierung:

- Die **Stichwörter** auf den **Folien**;
- **Zwischenfragen:** Sie unterbrechen die Präsentation für kurze Momente und geben Ihnen Zeit, sich zu orientieren. Außerdem enthalten die Zwischenfragen oft schon einen Hinweis auf den nächsten inhaltlichen Punkt der Präsentation.

14 **b** Hören Sie noch einmal und lösen Sie die Aufgaben.

Umweltfreundliche Verpackungen

1 Die Firma möchte demnächst
- a ☐ ihre Produkte ohne Verpackung anbieten.
- b ☐ Verpackungen aus Altpapier verwenden.
- c ☐ Verpackungen aus recyceltem Plastik herstellen.

Abfall vermeiden / recyceln

2 Papierhandtücher sollen in Zukunft
- a ☐ mit dem Restmüll entsorgt werden.
- b ☐ nicht mehr verwendet werden.
- c ☐ recycelt werden.

Mülltrennung

3 Alte Elektrogeräte werden
- a ☐ besser gekennzeichnet.
- b ☐ kostenpflichtig entsorgt.
- c ☐ getrennt gesammelt.

5 Prüfungsaufgabe: Hören Teil 3

Sie hören gleich eine Präsentation. Dazu gibt es vier Aufgaben. Welche Lösung (a, b oder c) passt jeweils am besten? 15

Markieren Sie Ihre Lösungen für die Aufgaben 1–4.

Lesen Sie jetzt die Aufgaben. Dazu haben Sie eine Minute Zeit.

Danach hören Sie die Präsentation **einmal.**

Firmenumzug

Beispiel: Die Präsentation hält

- **a** ☐ der beauftragte Innenarchitekt.
- **b** ☐ der Geschäftsführer der Firma.
- **c** ☒ der stellvertretende Geschäftsführer.

Umzugsdatum

1 Der Umzug soll während

- **a** ☐ der Messevorbereitungen stattfinden.
- **b** ☐ der Schulferien im Herbst stattfinden.
- **c** ☐ des Weihnachtsgeschäfts stattfinden.

Neuer Standort

2 Die Firma zieht

- **a** ☐ in die Mainzer Straße um.
- **b** ☐ in einen modernen Neubau um.
- **c** ☐ innerhalb der Stadt um.

Umzugsvorbereitungen

3 Den Zeitplan über den Ablauf des Umzugs

- **a** ☐ erhalten die Mitarbeiter heute schon.
- **b** ☐ haben die Abteilungsleiter erstellt.
- **c** ☐ verschickt die Praktikantin.

Wünsche und Anregungen

4 Die Angestellten dürfen mitentscheiden,

- **a** ☐ in welchen Farben die Räume gestaltet werden.
- **b** ☐ welche Größe die Räume haben sollen.
- **c** ☐ wie die Büromöbel angeordnet werden.

1 Vertrag und Kündigung

a Was passt zusammen? Verbinden Sie.

1	der Arbeits	a	form	6	die Kündigungs	f	vergütung
2	die Schrift	b	verdienst	7	der Rest	g	frist
3	der Netto	c	vertrag	8	das Arbeits	h	abgaben
4	das Home	d	steuer	9	die Sozial	i	urlaub
5	die Lohn	e	office	10	die Brutto	j	verhältnis

b Welche Wörter aus a passen? Ergänzen Sie.

1 Eine Kündigung bedarf der ……………………, eine mündliche Mitteilung genügt nicht.
2 Die …………………… beträgt vier Wochen.
3 Die Mitarbeiterinnen und Mitarbeiter sind nicht verpflichtet, im …………………… zu arbeiten.
4 Das Gehalt beträgt 1.400 Euro nach Abzug von Steuern und …………………… .
5 Das …………………… ist auf zwei Jahre befristet.

c Ordnen Sie die Buchstaben und ergänzen Sie die Verben.

1	die Kündigung ……………………	e n r e i e i n c h
2	sich arbeitslos ……………………	d e l m n e
3	sich beruflich neu ……………………	r e n o r i e n t i e
4	den Erhalt der Kündigung ……………………	s t g e n b e t i ä
5	eine neue Stelle ……………………	a n e t t r e n

d Was ist ein Betriebsrat? Lesen Sie und ergänzen Sie. Zwei Wörter passen nicht.

Angelegenheiten | Arbeitsschutz | Einigung | gesetzt | gewählt | vertritt

Der Betriebsrat
- ist eine Gruppe von Angestellten, die von der Belegschaft ……… 1 ……… wird.
- ……… 2 ……… die Interessen der Arbeitnehmerinnen und Arbeitnehmer gegenüber dem Arbeitgeber.
- darf bei wichtigen Themen mitbestimmen. Dazu gehören: Löhne und Gehälter, Gesundheits- und ……… 3 ………, Arbeitszeiten sowie personelle ……… 4 ……… .

2 Arbeitsmöglichkeiten

Lösen Sie das Rätsel. Welche Wörter passen zu den Erklärungen? Finden Sie das Lösungswort.

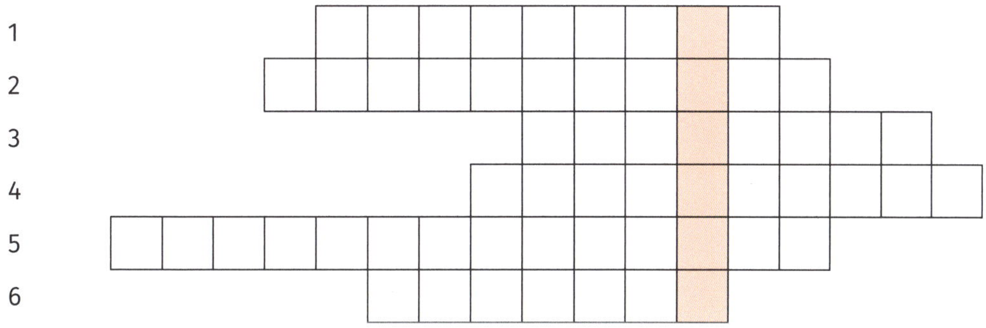

Lösungswort: _ _ _ _ _ _

1 eine befristete Tätigkeit, mit dem Ziel, einen bestimmten Beruf besser kennenzulernen
2 eine Vereinbarung zwischen Auftraggeber und Auftragnehmer: der Auftragnehmer wird dafür bezahlt, dass er ein bestimmtes Produkt herstellt oder eine Dienstleistung erbringt
3 wenn jemand weniger Stunden arbeitet als eine Vollzeitkraft
4 ein anderes Wort für „Leiharbeit“: der Angestellte wird für eine bestimmte Zeit an eine andere Firma „verliehen“
5 ein unbefristetes Arbeitsverhältnis zwischen Mitarbeiter und Unternehmen
6 eine Tätigkeit, die auf wenige Stunden begrenzt ist oder ein bestimmtes Gehalt nicht übersteigt

3 Karriere und Weiterbildung

Lesen Sie den Ausschnitt aus einem Seminarprogramm. Welche Verben passen nicht? Streichen Sie sie durch.

Wir erweitern unser Seminarprogramm! Neue Angebote im April!	
So klappt's mit der Karriere 11.–25. April, immer montags und donnerstags, 19–20:30 Uhr	Der ideale Kurs für alle, die eine Beförderung **aufstreben / anstreben (1)** und Führungsqualitäten **anweisen / vorweisen (2)** müssen … >> mehr
Gute Argumente für mehr Geld 23.–24. April, Wochenendseminar, Samstag 10–17 Uhr, Sonntag 10–14 Uhr	Sie möchten lernen, wie Sie geschickt eine Gehaltserhöhung **verhandeln / behandeln (3)**? Dann sollten Sie unbedingt dieses Wochenendseminar **belegen / vorlegen (4)** … >> mehr
Einführung in die BR-Arbeit 27. April, Tagesseminar 9:30–16 Uhr	Als Betriebsrat **stehen / setzen (5)** Sie sich für die Interessen der Belegschaft ein. Um mit dem Arbeitgeber erfolgreich verhandeln zu können, benötigen Sie fundierte Kenntnisse … >> mehr

4 Sprachnachrichten am Arbeitsplatz

16 Hören Sie die Sprachnachrichten. Worum geht es? Kreuzen Sie an.

1 Die Sprecherin
- a ☐ bietet ihre Unterstützung an.
- b ☐ gibt eine Arbeitsanweisung.
- c ☐ informiert über ein gelöstes Problem.

2 In dieser Nachricht geht es um
- a ☐ eine Ankündigung.
- b ☐ eine Terminabsprache.
- c ☐ einen Arbeitsauftrag.

3 Der Sprecher
- a ☐ bittet um einen Rat.
- b ☐ erklärt einen Arbeitsablauf.
- c ☐ schlägt eine Lösung vor.

4 Die Sprecherin
- a ☐ bietet ihre Hilfe an.
- b ☐ bittet um Hilfe.
- c ☐ gibt eine Arbeitsanweisung.

Schon gewusst?

In der Prüfungsaufgabe **Hören Teil 4** sollen Sie zeigen, dass Sie in der Lage sind, **telefonische Mitteilungen** zu verstehen. Sie hören fünf Sprachnachrichten am Arbeitsplatz.

5 Die Situation erfassen

Schon gewusst?

Es geht in diesem Prüfungsteil um **innerbetriebliche Kommunikation,** das heißt um Mitteilungen unter Kolleginnen / Kollegen oder zwischen Vorgesetzten und Mitarbeiterinnen / Mitarbeitern, sowie um **Kommunikation mit externen Personen, z. B. Kundinnen und Kunden**. Das kann zum Beispiel eine Nachricht an einen Kunden sein oder eine Mitteilung von einer Geschäftspartnerin.

17 Sie hören den Anfang von fünf Sprachnachrichten. Sind die Mitteilungen innerbetrieblich oder handelt es sich um einen Außenkontakt? Kreuzen Sie an.

Nachricht	innerbetrieblich	extern
1	☐	☐
2	☐	☐
3	☐	☐
4	☐	☐
5	☐	☐

6 Verstehen, was gesagt wird

Schon gewusst?

In dieser Prüfungsaufgabe geht es um **Detailverstehen.** Sie bekommen zu jeder Sprachnachricht eine Frage mit drei Antwortoptionen. In den Antwortoptionen lesen Sie oft Begriffe, die auch im Hörtext vorkommen. Lassen Sie sich nicht verwirren. Es ist immer nur eine Option richtig.

a Was ist richtig: a, b oder c? Hören Sie die Mitteilungen und kreuzen Sie an. 18

1 Elisa
- a ☐ hat einen Termin mit dem Betriebsrat vereinbart.
- b ☐ hat endlich einen festen Vertrag bekommen.
- c ☐ schlägt ein Treffen in der Mittagspause vor.

2 Timo möchte, dass Stefan
- a ☐ für den Rest der Woche im Lager arbeitet.
- b ☐ gleich zu Herrn Jankowski geht.
- c ☐ sich allein um den Reifenwechsel kümmert.

3 Die Fortbildung
- a ☐ dauert eine Woche.
- b ☐ findet Anfang November statt.
- c ☐ wird von der Firma bezahlt.

4 Georgio
- a ☐ arbeitet seit über einem Jahr in der Firma.
- b ☐ bereitet sich auf seine Deutsch-Prüfung vor.
- c ☐ hat den Chef um eine Gehalterhöhung gebeten.

b Vergleichen Sie Ihre Lösung nun mit der Musterlösung. Schauen Sie sich dann die Aufgaben in 6a noch einmal genau an.
Welche Antwortoption war jeweils richtig? Warum? Lesen Sie die Hörtexte und unterstreichen Sie die Information, die für die Lösung wichtig ist.
Welche Antwortoptionen waren falsch? Warum?

Schon gewusst?

In den Fragen werden oft andere Wörter und Formulierungen verwendet als in den Hörtexten. Achten Sie deshalb auf Wörter bzw. Formulierungen mit gleicher oder sehr ähnlicher Bedeutung.

c Welche Aussagen haben eine ähnliche Bedeutung? Lesen Sie und ordnen Sie zu.

1 ☐ Ich strebe eine Beförderung an.
2 ☐ Ich habe gekündigt.
3 ☐ Die Veranstaltung findet nicht statt.
4 ☐ Die Veranstaltung wurde verschoben.
5 ☐ Sprich mal mit deinem Vorgesetzten.
6 ☐ Hilf mir doch bitte bei der Planung.

a ... Du weißt ja, ich möchte mich beruflich weiterentwickeln und hätte gern eine Stelle mit mehr Verantwortung und einem höheren Gehalt ...

b ... Das Seminar zum Arbeitsrecht findet nun doch nicht, wie geplant, am 14. März statt, sondern erst zwei Wochen später, am 28. März ...

c ... Der Auftrag für die Firma K&L soll bis Mitte Mai abgeschlossen sein – das ist echt knapp. Vielleicht setzen wir uns mal zusammen und überlegen, wie wir vorgehen können, damit das klappt? ...

d ... Ich werde die Firma Ende des Monats verlassen. Ich habe ein ziemlich gutes Jobangebot von einer Firma in Freiburg bekommen – da konnte ich nicht Nein sagen ...

e ... Es ist echt schade, aber die Fortbildung wurde abgesagt, weil die Seminarleiterin erkrankt ist und so kurzfristig kein Ersatz gefunden werden konnte ...

f ... Ganz ehrlich, wenn ich an deiner Stelle wäre, ich würde einfach mal mit dem Chef reden ...

19 **d** Was ist richtig: a, b oder c? Hören Sie die Mitteilungen und kreuzen Sie an.

1 Herr Carstens
a ☐ hat seinen Arbeitsvertrag bereits erhalten.
b ☐ ist noch unsicher, ob er das Jobangebot annehmen soll.
c ☐ kann die neue Stelle Mitte August antreten.

2 Murat teilt André mit, dass
a ☐ die Kartons mit den Waren ausgeladen wurden.
b ☐ die Lieferung diesmal unvollständig ist.
c ☐ die Verpackungen der Waren teilweise beschädigt sind.

3 Die Anruferin möchte
a ☐ den Termin mit Federico verschieben.
b ☐ die Präsentation erneut bekommen.
c ☐ genauere Informationen zum Produkt.

7 Prüfungsaufgabe: Hören Teil 4

Sie hören fünf telefonische Mitteilungen. Zu jeder Mitteilung gibt es eine Aufgabe. 20
Welche Lösung (a, b oder c) passt am besten? Markieren Sie Ihre Lösungen für die Aufgaben 1–5.
Sie hören jede Mitteilung **einmal**.

Nicht vergessen!

Es gibt bei dieser Aufgabe kein Beispiel und Sie bekommen auch keine extra Zeit, um die Fragen zu lesen. Sie müssen daher die Zeit gut nutzen:

- Lesen Sie die erste Frage, während die Arbeitsanweisung abgespielt wird.
- Nutzen Sie Pausen zwischen den Mitteilungen, um jeweils die nächste Frage zu lesen.

1 Jasmina möchte wissen,

a ☐ ob Dawa mit dem Auto nach Marburg fährt.
b ☐ ob Dawa mit ihr zusammen zur Fortbildung fahren möchte.
c ☐ wann die nächste Besprechung stattfindet.

2 Das Busunternehmen

a ☐ bietet verschiedene Busgrößen an.
b ☐ hat nur noch Busse mit 40 Plätzen.
c ☐ kann maximal 38 Personen mitnehmen.

3 Miriam soll Oliver helfen,

a ☐ einen Arbeitsvertrag zu schreiben.
b ☐ ein wichtiges Dokument zu finden.
c ☐ Unterlagen für die Teamleitung zu kopieren.

4 Matteo bittet Francesco,

a ☐ etwas sauber zu machen.
b ☐ für ihn etwas wegzuräumen.
c ☐ für Kunden etwas zu reparieren.

5 Das Formular für die Reisekosten

a ☐ gibt Alexandra dem Ausbildungsleiter.
b ☐ hat Fatima per E-Mail bekommen.
c ☐ soll Fatima bei Alexandra im Büro abholen.

1 Kundenkontakte

a Was passt? Ergänzen Sie die Nachrichten auf dem Anrufbeantworter.

bestätigen | durchstellen | diesbezüglich | verfällt | stattdessen | lieferbar | abklären | telefonisch | Bescheid | erreichbar | zurückrufen

1 Ich möchte dringend den Liefertermin mit Ihnen ....1........, da wegen der Messe nächste Woche am Montag und am Dienstag niemand im Büro sein wird. Bitte geben Sie mir umgehend ....2......... Ich bin heute den ganzen Tag im Büro ....3.........

2 Ich rufe wegen des Caterings für morgen an. Die Lachscanapés sind momentan nicht ....4......... Ich kann Ihnen ....5........ welche mit Räucherfisch oder mit Parmaschinken anbieten. Ich würde darum bitten, dass Sie mich schnellstmöglich ....6........, damit ich den Caterer rechtzeitig informieren kann.

3 Sie müssten mir diese Woche noch das Angebot ....7........, sonst ....8........ der Mengenrabatt. Ich hatte ....9........ bereits Ihrer Mitarbeiterin eine Mail geschickt. Offene Fragen können wir gern heute noch ....10........ besprechen. Ich bin nachher zwar in einem Meeting, aber Sie können sich gern ....11........ lassen. Ich gebe im Büro Bescheid.

21 **b** Hören Sie zur Kontrolle die Mitteilungen.

c Was passt? Ergänzen Sie. Manchmal gibt es mehrere Möglichkeiten.

geben | aufgeben | klären | leiten | erhalten | entgegennehmen

1 eine Lieferung in die Wege *leiten*
2 dem Kollegen Bescheid ....
3 ein Angebot ....
4 eine Bestellung ....
5 eine Buchung ....
6 einen Termin ....

d Was bedeuten diese Abkürzungen? Schreiben Sie die Sätze neu.

1 Wir haben Interesse an 10 Pck. Kopierpapier A4, an 20 kl. Ordnern in Schw. und 20 gr. Ordnern in Bl.

....

....

2 Wie der Tab. im Anh. Ihrer Mail zu entnehmen ist, beträgt der Preis für die frz. Schokoladenfig. ca. 3 € pro Stk. Können wir bei einer Lfg. v. 200 Stk. mit einem Rabatt rechnen?

....

....

e Ordnen Sie zu. Machen Sie sich Notizen zu den Geräten (z. B. Funktionen, Einsatzort etc.). Erklären Sie dann Ihrer Partnerin / Ihrem Partner mit eigenen Worten, wie die Geräte funktionieren, ohne den Namen zu nennen. Sie / Er muss die Geräte raten.

1 Kopiergerät

a 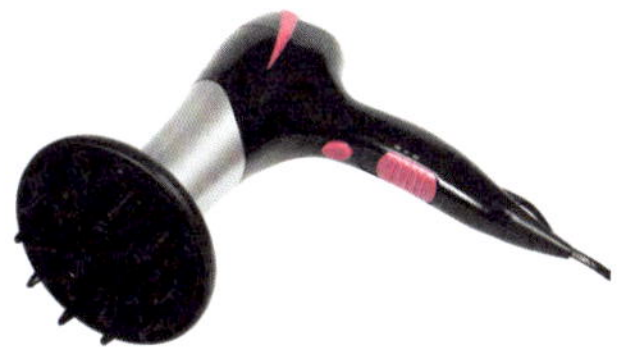

2 Fön

b 

3 Drucker

c 

4 Smartboard

d 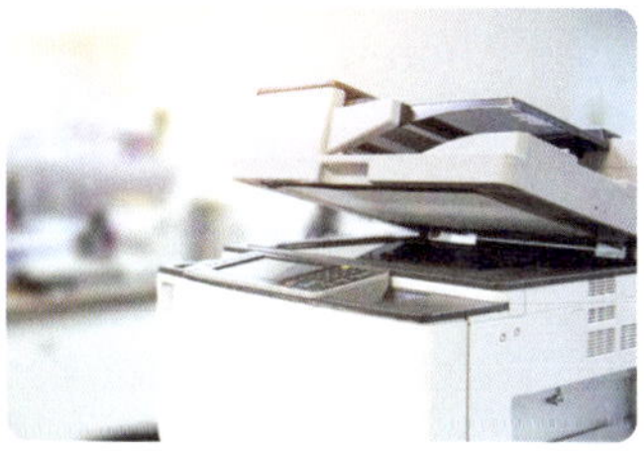

f Was sagt man wann? Schreiben Sie **A** für Anfang, **M** für Mitte und **E** für Ende einer Sprachnachricht.

1 ☐ Sie können mich unter der ... erreichen. Danke.
2 ☐ Hallo, hier spricht ... von der Firma ...
3 ☐ Bitte rufen Sie mich dringend unter der ... zurück. Auf Wiederhören.
4 ☐ Sie hatten gestern wegen ... angerufen / eine E-Mail geschrieben.
5 ☐ Guten Tag, das ist eine Nachricht von ... von der Firma ...
6 ☐ Es gibt ein großes Problem: ... funktioniert nicht. Bitte schicken Sie umgehend einen Techniker.
7 ☐ Rufen Sie mich doch bitte zurück. Meine Telefonnummer ist ...
8 ☐ Vielen Dank für Ihre Bestellung / Ihr Angebot / Ihren Anruf ...

g Schreiben Sie Sprachnachrichten über die Geräte aus 1e. Benutzen Sie die Redemittel aus 1f. Nehmen Sie die Nachrichten mit Ihrem Handy auf und tauschen Sie die Aufnahmen mit einer Partnerin / einem Partner.

2 Sich auf wichtige Informationen einer Sprachnachricht konzentrieren

Schon gewusst?

Im Prüfungsteil **Hören und Schreiben** hören Sie eine telefonische Mitteilung **einmal**. Dabei sollen Sie zwei Aufgaben lösen: in einer Multiple-Choice-Aufgabe eine Auswahl treffen und eine Telefonnotiz für eine Kollegin / einen Kollegen verfassen. Das bedeutet, sie müssen **gleichzeitig hören und schreiben.**

22 **a** Was ist der Grund für den Anruf? Hören Sie vier Nachrichten und notieren Sie, ob es sich um ein Angebot, eine Bestellung / Buchung oder eine Beschwerde handelt.

1 ……………………………

2 ……………………………

3 ……………………………

4 ……………………………

So geht's

Bei der Multiple-Choice-Aufgabe müssen Sie aus dem Hörtext erschließen, ob es in der Mitteilung um ein **Angebot,** eine **Bestellung / Buchung** oder eine **Beschwerde** geht. Allerdings wird das in der Nachricht nicht wörtlich gesagt. Sie müssen also erst die ganze Mitteilung bis zum Schluss hören und dann entscheiden, was passt.

Schreiben Sie beim Hören direkt die Informationen mit und wählen erst am Ende die Textsorte aus.

23 **b** Welche Information passt wozu? Ordnen Sie zu. Hören Sie einen Text aus 2a dann noch einmal und vergleichen Sie.

schriftlich Bescheid geben | gewünschtes Gerätemodell nicht lieferbar | Lippold | 0172 334 89 65 | neueres Kopiergerät für gleichen Preis?

Telefonnotiz

1. Name: Herr / Frau	……………………
Firma:	Expert Bürotechnik
2. Kontakt (Telefon):	……………………
3. Weitere Informationen:	……………………
4. Zu erledigen:	……………………

So geht's

Orientieren Sie sich im Vorfeld auf dem Formular für die Telefonnotiz, damit Sie wissen, was Sie wohin schreiben sollen. Die Firma muss nicht aufgeschrieben werden.

So geht's

Sie müssen in dieser Prüfungsaufgabe auch den Namen der Person notieren. Er wird einmal buchstabiert. Viele Namen werden anders geschrieben als gesprochen. Üben Sie daher auch, bei schnellem Buchstabieren mitzuschreiben.

c Hören Sie und schreiben Sie die Namen auf. 24

1. Name: ……………
2. Name: ……………
3. Name: ……………
4. Name: ……………
5. Name: ……………
6. Name: ……………

d Hören Sie und notieren Sie die Telefonnummern. 25

1 ……………

2 ……………

3 ……………

4 ……………

e Was muss erledigt werden? Hören Sie und lesen Sie mit. Unterstreichen Sie die Information im Text. 26

Lewandowski hier. Ich wollte Ihnen nur kurz bestätigen, dass wir Ihre beiden Schulungsräume am Wochenende vom 17. März nutzen werden. Danke auch für Ihre E-Mail bezüglich der Cateringoptionen. Wir bräuchten Wasser, Kaffee und Gebäck in den Pausenzeiten für 25 Personen. Außerdem würde ich gern noch wissen, ob ein Smartboard in dem großen Raum zur Verfügung steht. Geben Sie mir bitte diesbezüglich Bescheid. Ich bin allerdings erst morgen zwischen 13 und 15 Uhr zu erreichen. Die Telefonnummer ist die 0-4-0-765-56-00. Lassen Sie sich dann bitte zu Lewandowski durchstellen. Ich buchstabiere: L E W A N D O W S K I.

f Was muss erledigt werden? Schreiben Sie Stichworte zu dem Text in 2e.

……………

……………

……………

……………

……………

3 Notizen knapp und schnell formulieren

So geht's

In dieser Prüfungsaufgabe müssen Sie verstehen, was gemacht werden muss. Achten Sie dabei auf Imperative, wie „Rufen Sie zurück" oder „Geben Sie mir Bescheid". Auch bei Zahlen, wie dem Datum oder der Uhrzeit, sollten Sie genau hinhören.

27 **a** Was ist wichtig? Hören Sie und schreiben Sie. Nutzen Sie Abkürzungen.

Telefonnotiz	
3. Weitere Informationen:	....
4. Zu erledigen:	....

b Schreiben Sie Ihre Notizen aus 3a einfach, aber verständlich.

Telefonnotiz	
3. Weitere Informationen:	....
4. Zu erledigen:	....

So geht's

Notizen werden sehr vereinfacht geschrieben. Formulieren Sie daher keine vollständigen Sätze. Nutzen Sie Stichpunkte, nur die wichtigen Wörter, Infinitive.

28 **c** Hören Sie und schreiben Sie die Telefonnotiz für Ihre Kollegin / Ihren Kollegen.

Telefonnotiz		
1. Name:	Herr / Frau	....
	Firma:	Musterfirma
2. Kontakt (Telefon):		....
3. Weitere Informationen:		....
4. Zu erledigen:		....

So geht's

Entscheiden Sie schon beim Hören, in welche Zeile die Information auf dem Antwortbogen kommt. In der telefonischen Mitteilung ist die Reihenfolge nicht gleich wie auf dem Notizzettel.

So geht's

Die Zeit ist bei dieser Prüfungsaufgabe sehr knapp. Schreiben Sie darum **direkt auf den Antwortbogen**. Nach dem Hören der Mitteilung haben Sie noch einmal **eine Minute** Zeit, um die Notizen zu ergänzen oder zu verbessern.

4 Prüfungsaufgabe: Hören und Schreiben

Sie hören eine telefonische Mitteilung. Informieren Sie Ihre Kollegin. Notieren Sie die Informationen. Sie hören die Mitteilung **einmal.** 29

1 Grund für den Anruf

Wählen Sie die richtige Lösung (a, b oder c). Kreuzen Sie an.

- **a** ☐ Angebot
- **b** ☐ Bestellung / Buchung
- **c** ☐ Beschwerde

2–5 Notizen schreiben

Schreiben Sie Name, Telefonnummer, weitere Informationen und tragen Sie im Feld „zu erledigen" ein, was zu erledigen ist.

Telefonnotiz	
2. Name: Herr / Frau	....
Firma:	Musterfirma
3. Kontakt (Telefon):	....
4. Weitere Informationen:	....
5. Zu erledigen:	....

1 Eine Bewerbung vorbereiten

a Spielen Sie zu zweit. Sie brauchen zwei Spielfiguren und eine Münze.

Spielregeln:

1. Jeder Spieler hat eine Spielfigur. Beginnen Sie auf dem Feld „START“.
2. Werfen Sie eine Münze. Gehen Sie bei „Zahl“ ein Feld und bei „Kopf“ zwei Felder weiter.
3. Lösen Sie die Aufgabe. Wer die Aufgabe falsch löst, muss zurück auf START.
4. Wer zuerst im Ziel ist, hat gewonnen.

START

1
Welches Wort passt nicht in ein Bewerbungsschreiben?

a ☐ belastbar
b ☐ verantwortungslos
c ☐ zuverlässig
d ☐ gewissenhaft

2
Nennen Sie drei Elemente, die zu einer Bewerbung gehören.

3
Wählen Sie ein Adjektiv und erklären Sie die Bedeutung.

a kritikfähig
b teamfähig
c kreativ

4
Wo findet man Jobangebote? Nennen Sie drei Möglichkeiten.

5
Was passt nicht?

sich ... bewerben

a ☐ bei einer Firma
b ☐ in einer Abteilung
c ☐ um ein Praktikum
d ☐ über eine Stelle

6
Berichten Sie über Ihre bisherige Berufserfahrung oder über Ihr berufliches Ziel.

7
Wählen Sie ein Adjektiv und erklären Sie die Bedeutung.

a serviceorientiert
b sprachbegabt
c engagiert

8
Erklären Sie einen der folgenden Begriffe.

a die Qualifikation
b fundierte Kenntnisse
c das Zeugnis
d das Anliegen

9
Berichten Sie über Ihre Schulbildung.

10
Berichten Sie: Welche Weiterbildung haben Sie schon gemacht? Welche möchten Sie machen?

ZIEL

b Wann haben Sie sich das letzte Mal um eine Stelle beworben? Was ist gut verlaufen, was war schwierig? Sprechen Sie mit Ihrer Partnerin / Ihrem Partner und geben Sie sich gegenseitig Tipps.

2 Sprachgefühl und Sprachwissen nutzen

Schon gewusst?

In der Prüfung haben Sie **35 Minuten** Zeit, um **drei Aufgaben** zu bearbeiten: neben den Sprachbausteinen Teil 1 und Teil 2 auch noch eine Schreibaufgabe. Deshalb sollen Sie den Prüfungsteil **Sprachbausteine** schnell lösen. Verlassen Sie sich für **Sprachbausteine Teil 1** und **Teil 2** auf Ihre Grammatikkenntnisse und den erlernten Wortschatz.

a Welches Wort passt in den folgenden Sätzen am besten? Markieren Sie in den Sätzen Hinweise auf die richtige Lösung und kreuzen Sie an.

1 Die Stelle ist ………… Berufseinsteiger und Berufserfahrene gleichermaßen geeignet.
a ☐ an b ☐ für c ☐ zu

2 Bei uns arbeitest du flexibel – du entscheidest, ………… dein Arbeitstag beginnt!
a ☐ darum b ☐ seitdem c ☐ wann

3 Bewirb dich ………… über den „Bewerbung starten“-Button und erhalte innerhalb einer Woche eine Rückmeldung, ob wir Dich für den nächsten Prozessschritt berücksichtigen können!
a ☐ weil b ☐ gleich c ☐ so

4 Sie verfügen bereits ………… Berufserfahrung im telefonischen Verkauf oder haben eine große Leidenschaft für den Vertrieb.
a ☐ durch b ☐ für c ☐ über

5 Sie haben eine Ausbildung im Bereich Informatik oder Elektrotechnik erfolgreich absolviert oder bringen Kenntnisse und Erfahrungen mit, ………… einer Ausbildung entsprechen.
a ☐ die b ☐ während c ☐ weil

6 Wir bieten Ihnen ………… einen abwechslungsreichen Arbeitsplatz mit vielfältigen Weiterbildungsangeboten als auch interessante zusätzliche Sozialleistungen eines Großunternehmens.
a ☐ sowie b ☐ sowohl c ☐ zwar

Schon gewusst?

In der Prüfungsaufgabe **Sprachbausteine Teil 1** sollen Sie einen Text verstehen und die Textlogik herstellen. Der Brief oder die E-Mail ist typisch für den beruflichen Kontext.

Ihr Sprachgefühl oder Hinweise in den Sätzen helfen Ihnen, die Lücke zu schließen. Wenn Sie eine Idee haben, notieren Sie sie sofort, das spart wertvolle Zeit. Wenn Ihnen nicht sofort etwas einfällt, suchen Sie Hinweise im Satz.

b Welche Hinweise finden Sie im folgenden Text? Markieren Sie sie und ergänzen Sie die Lücken mit dem passenden Wort aus dem Kasten.

ANBEI | DARAUF | DESHALB | TROTZDEM | WARUM | WEIL | WENN

Erhalten:	heute 14:32 Uhr
An:	Eleonora Kurz
Betreff:	Bewerbung als Bilanzbuchhalterin

Sehr geehrte Frau Kurz,

..........1.......... erhalten Sie meine Bewerbung für Ihre Stelle als Bilanzbuchhalterin. Meinen Bewerbungsunterlagen können Sie entnehmen, ...2.......... ich Ihr Unternehmen durch meine Erfahrungen sehr gut ergänze.

Ich freue mich ....3.........., Sie in einem persönlichen Vorstellungsgespräch von mir zu überzeugen.

Mit freundlichen Grüßen

Indira Maldonado

Forum

Welche Erfahrungen habt ihr mit dem Bewerbungsprozess?

Hallo zusammen, ich wollte dieses Thema mal wieder aufgreifen, ...4.......... ich selbst derzeit wieder Bewerbungen verschicke. Ich habe eine Ausbildung und Berufserfahrung, ...5.......... sollte es doch nicht so schwer sein, oder? Ich habe schon viele Bewerbungen geschickt, ...6.......... weiß ich nie so genau, was der neue Arbeitgeber von mir hören will. ....7.......... ihr Tipps für mich habt, freue mich über eine Nachricht.

3 Den roten Faden in einem Text nutzen

So geht's

Jeder Text hat einen roten Faden, also eine innere Logik. Diese wird durch verschiedene Wörter hergestellt, z. B. Konnektoren. Achten Sie beim Lesen des Textes darauf.

Bringen Sie die folgende E-Mail in die richtige Reihenfolge. Markieren Sie die Hinweise im Text.

So geht's

Wiederholen Sie die wichtigsten Konnektoren für Hauptsätze und für Nebensätze.

Erhalten: heute 9:56 Uhr
An: Helmut Specht
Betreff: Bewerbung als Mechatroniker in Ihrer Firma

Sehr geehrter Herr Specht,

- ☐ a Daher muss ich meine Bewerbung bei Ihnen zurückziehen.
- ☐ b Ich bitte dafür um Ihr Verständnis.
- ☐ c Ich wünsche Ihnen weiterhin viel Erfolg bei der Suche nach einem geeigneten Kandidaten.
- ☐ d Leider habe ich in der Zwischenzeit eine weitere Zusage erhalten, die ich angenommen habe.
- ☐ e zuerst möchte ich mich noch einmal herzlich für das angenehme Bewerbungsgespräch bei Ihnen bedanken.

Mit freundlichen Grüßen
Karsten Klingbeil

4 Prüfungsaufgabe: Sprachbausteine Teil 1

Lesen Sie den folgenden Text. Welche Wörter a–j passen am besten in die Lücken 1–6? Sie können jedes Wort im Kasten nur einmal verwenden. Nicht alle Wörter passen in den Text.

Betreff: Bewerbung als Tourismuskaufmann

Sehr geehrter Herr Frenzel,

auf der Internetseite Ihres Unternehmens bin ich auf das Stellenangebot „Reiseberater Südamerika“ aufmerksam geworden. ____1____ Tourismuskaufmann mit chilenischen Wurzeln und ausgezeichneten Kenntnissen der Zielregionen passe ich sehr gut in Ihr Anforderungsprofil und möchte mich gern bewerben.

Das Online-Bewerbungsformular habe ich auch ____2____ ausgefüllt und die erforderlichen Dokumente hochgeladen, allerdings gibt es ein technisches Problem: Die Bewerbung lässt sich nicht abschicken. Jedes Mal, ____3____ ich auf „Senden“ klicke, erhalte ich die Meldung „Senden fehlgeschlagen“.

Kann ich Ihnen meine Bewerbung in diesem Fall ____4____ per E-Mail zukommen lassen – obwohl in der Stellenanzeige steht, ____5____ Sie ausschließlich Online-Bewerbungen akzeptieren?

Ich freue mich über Ihre Rückmeldung. Sie erreichen mich telefonisch unter 0555 26091930 oder per E-Mail. Telefonisch bin ich in der Regel ____6____ 8 und 20 Uhr gut erreichbar.
Vielen Dank.

Mit freundlichen Grüßen

Javier Guzmán

a ALS	**e** EBENFALLS	**i** ZEITWEISE
b AUSNAHMSWEISE	**f** VON	**j** ZWISCHEN
c BEREITS	**g** WENN	
d DASS	**h** WOBEI	

1 Anfragen und Angebote

a Wie heißen die Wörter? Ergänzen Sie die Dialoge. Nicht alle Wörter passen in die Lücken.

Bruttopreis | Vorauszahlung | Eilzuschlag | Nettopreis | Skonto | Preisnachlass | Ratenzahlung | Anfrage | Sonderwunsch | Gesamtpreis

1 ▶ Und wie viel macht das zusammen?
▷ Der .... ist 499 €.

2 ▶ Ist der Preis inklusive Mehrwertsteuer?
▷ Ja, das ist der ....

3 ▶ Haben Sie nur dieses Modell?
▷ Das hier ist unser Standardmodell. Aber wir können auch Änderungen vornehmen, wenn Sie einen .... haben.

4 ▶ Wenn ich es schnell brauche, kostet es dann mehr?
▷ Ja, Sie müssen dann einen .... zahlen.

5 ▶ Ich würde die Zahlung gerne auf 24 Monate verteilen.
▷ Natürlich, eine .... können wir gerne vereinbaren.

b Schreiben Sie mit den restlichen Wörtern selbst kleine Dialoge wie in 1a.

c Was passt am besten in die Lücken? Kreuzen Sie an.

1 Der ...., den wir erteilt haben, muss leider storniert werden.
a ☐ Antrag b ☐ Auftrag c ☐ Vertrag

2 Ihre Bestellung, die heute Morgen bei uns .... ist, wird aktuell bearbeitet.
a ☐ aufgegangen b ☐ ausgegangen c ☐ eingegangen

3 Wir möchten Ihnen ein einmaliges Angebot ....
a ☐ unterbieten b ☐ unterbreiten c ☐ unterlegen

4 Leider können wir Ihre Bestellung .... nächste Woche liefern.
a ☐ frühestens b ☐ höchstens c ☐ spätestens

5 Laut Lieferbedingungen müssen Sie die Rechnung erst bei .... der Ware zahlen.
a ☐ Benutzung b ☐ Erhalt c ☐ Ersatz

6 Unsere Waren erhalten Sie .... Lieferkosten fallen für Sie nicht an.
a ☐ ab Werk b ☐ frei Haus c ☐ ins Haus

2 Nomen-Verb-Verbindungen nutzen

So geht's

Nomen-Verb-Verbindungen sind Kombinationen aus Nomen und Verben, die gemeinsam eine neue Bedeutung haben. Sie müssen als Ganzes gelernt werden. Meistens trägt das Nomen die Bedeutung, aber nicht immer. z. B. *eine Frage stellen = fragen*, aber: *etwas in Kauf nehmen = etwas hinnehmen, akzeptieren (meist etwas Negatives).*

a Ordnen Sie die Nomen-Verb-Verbindungen den Bedeutungen zu.

1	eine Rolle spielen (für)	a	auf jemanden aufpassen, seine Situation berücksichtigen
2	zur Kenntnis nehmen	b	wichtig sein, relevant sein
3	Auskunft geben (über)	c	informieren, mitteilen
4	Bezug nehmen (auf)	d	hinweisen, verweisen, zurückgreifen, sich beziehen
5	Rücksicht nehmen (auf)	e	bemerken, wahrnehmen, beachten

b Formen Sie die unterstrichenen Satzteile um, indem Sie passende Nomen-Verb-Verbindungen verwenden.

1 Wenn Sie ein gutes Produkt suchen, möchten wir Ihnen <u>Folgendes anbieten</u>.
2 Wenn Sie uns <u>beauftragen</u>, versprechen wir Ihnen folgende Leistungen: ...
3 Bitte <u>verstehen Sie</u>, dass wir in nächster Zeit mit längeren Lieferzeiten rechnen müssen.

3 Textsorte und typische Formulierungen

So geht's

In der Prüfungsaufgabe **Sprachbausteine Teil 2** stehen typische **berufliche Textsorten** im Vordergrund. Lesen Sie also immer den Betreff, denn daran erkennen Sie, um welche Textsorte es geht. Achten Sie beim Lösen darauf, dass die Formulierung zu der Textsorte passt.

a Was gehört in welches Schreiben? Schreiben Sie **1** für Anfrage, **2** für Angebot und **3** für Auftrag.

- ☐ a Wir bitten um eine kurze Auftragsbestätigung.
- ☐ b Dies stellt jedoch nur ein Beispiel unserer zahlreichen Dienstleistungen dar. Gern besprechen wir mit Ihnen weitere Möglichkeiten einer Zusammenarbeit.
- ☐ c Wir interessieren uns für folgende Produkte aus Ihrem Warensortiment: ...
- ☐ d Wir freuen uns, dass Sie mit unserem Unternehmen zusammenarbeiten möchten und bieten Ihnen Folgendes an: ...
- ☐ e Es gelten dabei die Allgemeinen Geschäftsbedingungen.
- ☐ f Für die Zusendung Ihrer aktuellen Preisliste wären wir Ihnen sehr dankbar.
- ☐ g Laut Angebot bestellen wir ...
- ☐ h Bei fristgerechter Abwicklung und einwandfreier Lieferung können Sie in Zukunft mit weiteren Aufträgen rechnen.

Schon gewusst?

In der Prüfungsaufgabe **Sprachbausteine Teil 2** haben Sie für jede Lücke drei mögliche Antworten. Wenn Sie eine Antwort ausschließen können, streichen Sie sie sofort durch. Achten Sie darauf, was die Ausdrücke bedeuten und ob sie in den Satz passen.

b Welche Formulierung passt zu der Textsorte? Kreuzen Sie die passenden Antworten an.

So geht's

Suchen Sie nach Hinweisen im Text. Diese können auch vor oder nach der Lücke stehen.

Erhalten: heute, 15:39 Uhr
An: Claudia Sauer
Betreff: Anfrage Smartphonehüllen

Sehr geehrte Damen und Herren,
vor einer Woche habe ich Ihren Messestand in Berlin besucht und Ihre Kollektion an Smartphonehüllen hat ……1…… . Wir würden gern unsere Firmentelefone mit Hüllen Ihrer Firma schützen und sie mit unserem Firmenlogo bedrucken lassen. Deshalb hätten wir gern ……2…… dazu.
Wir rechnen mit einer Stückzahl von ca. 250. Würde sich der Stückpreis bei einer größeren Menge merklich verändern? Teilen Sie uns bitte daher auch gern mit, welche ……3…… .
Geben Sie uns bitte auch Auskunft über mögliche Farbmuster und für ……4…… wären wir sehr dankbar.
Können Sie uns ……5…… über 250 Hüllen mit Firmenlogo unterbreiten?
Bitte teilen Sie uns auch ……6…… mit.
Für Rückfragen stehe ich Ihnen natürlich jederzeit zur Verfügung.
Mit freundlichen Grüßen
Fatih Özcelik

1 a ☐ auf Interesse gestoßen
  b ☐ mein Interesse geweckt
  c ☐ meine Interessen erweckt

2 a ☐ ansprechende Konditionen
  b ☐ bessere Angebote
  c ☐ genauere Informationen

3 a ☐ Nachlass Sie anwenden
  b ☐ Rabatte Sie anbieten
  c ☐ Reduzierungen Sie erwarten

4 a ☐ eine Zusendung von Probeexemplaren
  b ☐ die Bereitstellung von Restexemplaren
  c ☐ kostenlose Geschenke

5 a ☐ ein unkompliziertes Angebot
  b ☐ ein unverbindliches Angebot
  c ☐ ein unverfängliches Angebot

6 a ☐ Ihre Arbeits- und Pausenzeiten
  b ☐ Ihre Konto- und Bankgeschäfte
  c ☐ Ihre Liefer- und Zahlungsbedingungen

4 Prüfungsaufgabe: Sprachbausteine Teil 2

Lesen Sie den folgenden Text. Welcher Ausdruck (a, b oder c) passt am besten in die Lücken 1–6? Kreuzen Sie an.

Buchung der Sky Lounge für unsere Firmenfeier am 18.04.

Sehr geehrte Frau Yeung,

danke für das freundliche Telefonat gestern und die kompetente Beratung. Wir haben uns im Team abgesprochen und für den zweiten Veranstaltungsort (Sky Lounge) entschieden, den Sie uns ____**1**____ haben. Für einen kompletten Tag ____**2**____ dann 800 Euro zuzüglich Mehrwertsteuer.

____**3**____, möchten wir zusätzlich eine Karaoke-Musikanlage mieten. Ganz herzlichen Dank noch mal, dass Sie auf unseren Sonderwunsch ____**4**____ haben und bereit sind, zusätzliche Mikrofone und Lautsprecher zur Verfügung zu stellen.

____**5**____ damit auf 1150 Euro zuzüglich Mehrwertsteuer. Dass Sie uns für den Auf- und Abbau der Technik keine zusätzlichen Kosten ____**6**____, freut uns sehr.

Wir freuen uns über Ihre Unterstützung, diesen Tag zu etwas ganz Besonderem zu machen.

Mit freundlichen Grüßen
Letizia Kowalewski

1
- **a** ☐ zum Anlass gegeben
- **b** ☐ zum Ausdruck gebracht
- **c** ☐ zur Auswahl gestellt

2
- **a** ☐ beträgt der Preis
- **b** ☐ erhält die Rechnung
- **c** ☐ tragen die Kosten

3
- **a** ☐ Genauer gesagt
- **b** ☐ So gesehen
- **c** ☐ Wie besprochen

4
- **a** ☐ keine Rücksicht genommen
- **b** ☐ problemlos verzichtet
- **c** ☐ so flexibel reagiert

5
- **a** ☐ Der Betrag bezieht sich
- **b** ☐ Der Gesamtpreis erhöht sich
- **c** ☐ Die Ratenzahlung erfolgt

6
- **a** ☐ in Auftrag geben
- **b** ☐ in Rechnung stellen
- **c** ☐ zum Kauf anbieten

1 Arbeit und Familie

a Welche Möglichkeiten der Kinderbetreuung finden Sie? Schreiben Sie die Wörter mit Artikel.

Kinderbetreuung

BetriebskindergartenGanztagsschuleKitaKrippeTagesmutterHortNachbarnGroßelternAu-Pair
KindergartenNachmittagsbetreuung

....

....

....

b Was passt in die Lücke? Ergänzen Sie Wörter aus 1a.

1 Im .... werden Schulkinder nach der Schule betreut, solange die Eltern noch auf der Arbeit sind.

2 Einen jungen Menschen, der im Ausland Kinder einer Gastfamilie betreut, nennt man ....

3 Für die Betreuung von Kindern oder Säuglingen ab einem halben Jahr gibt es die ....

4 Eine .... betreut kleinere Kinder von Berufstätigen tagsüber gegen Bezahlung.

5 Manche Unternehmen bieten den Beschäftigten an, ihre Kinder im ....-.................................... betreuen zu lassen.

c Was fehlt? Hören Sie und ergänzen Sie den Beitrag aus einem Mitarbeiterforum. Ergänzen Sie die Wörter. Ein Wort passt nicht.

Gleitzeit | erfasst | flexibler | Frühaufsteher | quälen | Feierabend | Teilzeit

Mustafa, heute um 14:34 Uhr — Forum

Hallo zusammen,

ich finde ja die Idee, dass unsere Firma ....1........ anbietet, richtig toll. Gerade für Mitarbeiterinnen und Mitarbeiter mit Kindern hat das viele Vorteile, weil sie ihre Arbeitszeit an den Nachmittagen viel ....2........ gestalten können.

Ich bin dafür, dass sich jeder einloggt, wenn er kommt, und zum ....3........ wieder abmeldet. Damit kann die genaue Arbeitszeit einfach ....4........ werden.

Vor allem spricht aber dafür, dass ....5........ eher nach Hause gehen können und die, die erst später am Tag produktiv werden, sich morgens nicht ....6........ müssen. Ich finde, dieses Arbeitszeitmodell bietet für alle viele Vorteile.

Wie seht ihr das?

2 Einen Forumsbeitrag sprachlich vorbereiten

Schon gewusst?

Im Prüfungsteil **Schreiben** sollen Sie einen **Beitrag für ein Mitarbeiterforum** schreiben. Dafür stehen zwei Themen zur Auswahl. Wählen Sie ein Thema aus. In dem Forumsbeitrag formulieren Sie Ihre Meinung und begründen diese.

a Welche Anredeformen sind formell / halbformell / informell? Ordnen Sie zu.

1 Hallo, ihr Lieben,
2 Sehr geehrte Damen und Herren,
3 Liebe Kolleginnen und Kollegen,
4 Liebe Frau Schneider,
5 Hallo zusammen,
6 Guten Morgen,
7 Sehr geehrter Herr Liebernich,
8 Hey Leute,

formell
halbformell
informell

So geht's

Nachdem Sie die passende Anrede gewählt haben, beginnen Sie Ihren Forumsbeitrag mit einem **Einleitungssatz**, in dem Sie das Thema vorstellen und Rahmeninformationen dazu benennen. Sie können Formulierungen aus der Aufgabenstellung aufgreifen, aber nicht kopieren. Schreiben Sie auch einen **Abschlusssatz** am Ende Ihres Beitrags.

b Wie kann man einen Forumsbeitrag beginnen und beenden? Schreiben Sie **A** für Anfang und **E** für Ende.

1 ☐ Ich finde die Idee super, dass ...
2 ☐ Ich halte es für keine gute Idee, dass ...
3 ☐ Mich würde eure Meinung dazu sehr interessieren.
4 ☐ Wie seht ihr das?
5 ☐ Ich freue mich auf eure Beiträge.
6 ☐ Habt ihr schon gehört / gelesen, dass ...?
7 ☐ Ich bin sehr gespannt zu erfahren, welche Meinung ihr dazu habt.
8 ☐ Schreibt mal, wie ihr dazu steht!
9 ☐ Wie uns in der E-Mail vom ... mitgeteilt wurde, ...

Schon gewusst?

Entscheiden Sie schnell, zu welchem der beiden Themen Sie spontan eine Meinung haben. Überlegen Sie, ob Sie dafür oder dagegen sind, und sammeln Sie dann Argumente.

c Entscheiden Sie sich schnell für eines der beiden Themen.
Sammeln Sie im Kurs Ideen, was Sie dazu schreiben könnten.

1 **Ein kleinerer Pausenraum**

Der Pausenraum Ihrer Firma soll in einen kleineren Raum verlegt werden. Dieser befindet sich im Untergeschoss und ist nicht gut zu belüften. Der Umzug ist entschieden worden, weil das Sekretariat einen größeren Raum benötigt. Es soll in dem bisherigen Pausenraum eingerichtet werden.

2 **Betriebsferien für alle**

Alle Mitarbeiterinnen und Mitarbeiter sollen im Juni ihren Urlaub nehmen, da das Unternehmen im Juni einen neuen Fußboden verlegen lässt und in dieser Zeit niemand ins Büro kann. Als Ausgleich erhalten alle Mitarbeiter drei bezahlte Tage zusätzlich zu ihrem Urlaub.

Zum zweiten Thema habe ich sofort eine Meinung.

Mich spricht das erste Thema an. Ich finde nämlich, dass das überhaupt keine gute Idee ist.

So geht's

Forumsbeiträge können in der Sie- oder in der Du-Form geschrieben sein. Entscheiden Sie sich vor dem Schreiben für eine Anrede und achten Sie darauf, dass Sie dann dabeibleiben.

3 Argumente sammeln und sortieren

a Ordnen Sie die Redemittel den drei Kategorien zu.

Das ist keine gute Idee. | Das spricht dafür. | einerseits ..., andererseits ... | Davon halte ich viel. | Ich finde die Idee nicht gut. | Ich weiß nicht, was ich davon halten soll. | Ein Argument dafür ist, dass ... | Ich bin dagegen, dass ... | Das ist super.

pro	contra	unentschieden

b Ergänzen Sie in den Spalten „pro“ und „contra“ die gegenteiligen Aussagen.

c Lesen Sie das Thema und ordnen Sie die Argumente in „pro“ und „contra“. Ergänzen Sie dann eigene Argumente.

Homeoffice

Ab sofort sollen nur noch Mitarbeiterinnen und Mitarbeiter mit Kindern im Homeoffice arbeiten dürfen. Alle anderen müssen die Bürozeiten einhalten.

keine Ruhe wegen der Familie | man spart Fahrzeit | Doppelbelastung Arbeit und Haushalt | kein Platz für einen Arbeitsplatz in der Wohnung | man kann flexibler arbeiten | man kann nebenbei Hausarbeit machen | gute Vereinbarkeit von Beruf und Familie | man kann gleichzeitig die Kinder betreuen

So geht's

Auf dem Aufgabenblatt zu diesem Prüfungsteil haben Sie auch Platz für Notizen. Sammeln Sie dort nur Ihre Ideen und Argumente. Schreiben Sie Ihren Forumsbeitrag **direkt auf den Antwortbogen.**

d Sortieren Sie passende Argumente aus 3c auf den Notizzetteln.

Platz für Notizen

pro: ______

pro: ______

______

contra: ______

contra: ______

______

Schlussfolgerung: ______

Platz für Notizen

pro: ______

contra: ______

______

pro: ______

contra: ______

______

Schlussfolgerung: ______

So geht's

Sammeln Sie zu Beginn nur kurze Notizen. Diese sind für den Anfang völlig ausreichend. Formulieren Sie erst dann Sätze. Schreiben Sie zu jedem Ihrer Argumente ein bis zwei Sätze direkt auf den Antwortbogen. Achten Sie beim Schreiben auch auf eine logische Gliederung.

e Bringen Sie den Forumsbeitrag in die richtige Reihenfolge.

Der Betriebskindergarten schließt vorübergehend

Der Betriebskindergarten muss wegen der Renovierung im November für sechs Wochen schließen. Die Eltern sollen sich um eine Ersatzbetreuung kümmern.

a ☐ Ich bin gespannt, wie ihr das seht.

b ☐ Andererseits wäre es ja auch eine Idee, die Eltern bei der Suche nach Betreuungsmöglichkeiten zu unterstützen. Es gibt hier noch andere Kitas in der Nähe, die man fragen könnte.

c ☐ Hallo in die Runde,

d ☐ Einerseits könnten für die Zeit der Renovierung andere Räume angemietet werden, sodass der Betriebskindergarten für 6 Wochen dorthin umziehen könnte. So könnten alle Eltern weiterarbeiten und die Kinder wären gut aufgehoben.

e ☐ Ich finde es nicht gut, dass sich die Eltern wegen der Renovierung des Kindergartens selbst um die Betreuung ihrer Kinder kümmern müssen.

f ☐ Das wichtigste Argument dagegen ist, dass das zum Beispiel für alleinerziehende Eltern ein großes Problem ist.

f Planen Sie einen eigenen Forumsbeitrag. Machen Sie Notizen, sortieren Sie Argumente dafür und dagegen und ergänzen Sie passende Redemittel. Orientieren Sie sich an 3a–e.

Platz für Notizen

Schon gewusst?

Sie haben für die Sprachbausteine und die Schreibaufgabe insgesamt 35 Minuten Zeit. Es empfiehlt sich, für die **Schreibaufgabe ca. 20 Minuten** einzuplanen. Achten Sie also auf die Zeit und üben Sie, in der vorgegebenen Zeit zu schreiben.

4 Beispieltexte

a Lesen Sie die folgende Aufgabenstellung. Machen Sie sich Notizen, was Sie zu den einzelnen Punkten schreiben könnten.

In Ihrer Firma können sich alle Mitarbeiterinnen und Mitarbeiter in einem Forum miteinander über Neuigkeiten austauschen. Schreiben Sie einen Forumsbeitrag zu Thema A oder B.

Begründen Sie Ihre Meinung und nennen Sie passende Beispiele. Gliedern Sie Ihren Text in sinnvolle Abschnitte.

Thema „Kleiderordnung"

Auch an heißen Sommertagen erwartet Ihr Arbeitgeber angemessene, formelle Kleidung im Büro. Es sind nur lange Röcke oder Hosen, geschlossene Schuhe und Jackett oder Sakko erlaubt.

b Lesen Sie nun zwei Texte von Prüfungsteilnehmenden. Welche Argumente werden genannt? Markieren Sie in den Texten.

Schreibleistung 1

Liebe Kolleginnen und Kollegen,

haben Sie schon gehört, dass wir an heißen Sommertagen im Büro angemessene, formelle Kleidung tragen sollen. Ich kann das nicht in Kauf nehmen.

Wegen des Klimawandel sind die Sommertage wärmer und wärmer geworden. Daher kann ich mich nicht auf die Arbeit im Büro konzentrieren, wo es keine Klimaanlage gibt. Die Firma erwartet von uns, mit langen Röcken oder Hosen, geschlossene Schuhe zu arbeiten. Arbeiten wir im Bank? Natürlich nicht! Es ist überhaupt nicht notwendig, in unserer Firma formelle Kleidung zu tragen.

Außerdem stinkt unser Zimmer jetzt schon im Sommer. Ich kann mir nicht vorstellen, wie unser Büro reichen würde, wenn jede formelle Kleidung tragen würde.

Deswegen schlage ich vor, entweder dass wir keine formelle Kleidung tragen sollten, oder dass die Firma die Klimaanlagen installieren würde. Hauptsache ist, dass all Mitarbeitenden gut arbeiten kann.

Was denken Sie darüber?

Mit freundlichen Grüßen,
Natascha W.

Schreibleistung 2

Hallo zusammen,

habt ihr schon gehört, dass unserer Arbeitgeber von uns erwartet, dass wir im Sommer auch die gleiche Kleidung anziehen sollen, die wir immer im Büro anhaben? Ich bin in der Meinung, dass es für nicht alle gut klingeln wird. Für mich persönlich, ist es kein Problem, selbst im Sommer, die Bürokleidung zu tragen, falls ich zu viel schwize, kann ich dann ohne Problemen später zuhause duschen, wenn ich zurück von der Arbeit komme.
Aber für anderen, kann es wahrscheinlich unbequem sein und unpassend, da wo nicht jeder/jede nach der Arbeit sofort nachhause kommen will, nur um zu duschen. Viele haben vor allem im Sommer Lust längeren Zeit draußen zu bleiben und haben andere Plane.
Wie findet ihr es?
Ich bin gespannt, was eure Meinung zum Thema ist.

Antonio P.

c Wie werden in den Texten einzelne Sätze miteinander verknüpft? Suchen Sie Beispiele. Gibt es Stellen in den Texten, die nicht so gut verknüpft sind? Sammeln Sie Vorschläge, wie man es besser machen kann.

d Enthalten die beiden Texte Grammatik- oder Wortschatzfehler? Korrigieren Sie.

Schreibleistung 1, Zeile 3: tragen ~~sollen.~~
tragen sollen?

e Passen die Anrede und die Grußformel zur Situation? Diskutieren Sie.

f Schreiben Sie Ihren eigenen Forumsbeitrag zum Thema aus 4a. Begründen Sie Ihre Meinung und nennen Sie passende Beispiele. Gliedern Sie Ihren Text in sinnvolle Abschnitte. Tauschen Sie dann die Texte mit Ihrer Partnerin/Ihrem Partner und korrigieren Sie die Forumsbeträge gegenseitig.

5 Prüfungsaufgabe: Schreiben

Wählen Sie eines der folgenden Themen.

In Ihrer Firma können sich alle Mitarbeiterinnen und Mitarbeiter in einem Forum miteinander über Neuigkeiten austauschen. Schreiben Sie einen Forumsbeitrag zu Thema A oder B.

Begründen Sie Ihre Meinung und nennen Sie passende Beispiele. Gliedern Sie Ihren Text in sinnvolle Abschnitte.

Thema A: „Gemeinsames Mittagessen“

Ihr Vorgesetzter möchte den Zusammenhalt im Team stärken und schlägt vor, jeden Freitag das Mittagessen von einem Cateringservice liefern zu lassen. Die Kosten dafür sollen die Angestellten tragen.

oder

Thema B: „Jobticket oder Firmenfahrrad“

Ihr Arbeitgeber möchte allen Mitarbeiter*innen entweder ein Firmen-E-Bike zur Verfügung stellen, das auch privat genutzt werden darf, oder monatlich einen 50-Euro-Zuschuss zum Jobticket zahlen.

Nicht vergessen!

Schreiben Sie Ihren Forumsbeitrag direkt auf den Antwortbogen!

1 Ein neuer Beruf

a Was passt? Ordnen Sie die Begriffe den Themen zu. Sprechen Sie mit einer Partnerin/einem Partner und begründen Sie Ihre Auswahl.

Branche | Produkte und Dienstleistungen | Motivation | Charaktereigenschaften | Angebote finden | Kleidung | Abteilungen und ihre Aufgaben | Jobsicherheit | Beziehung zu dieser Person | gute Vorbereitung | Bewerbungsunterlagen vorbereiten | gute Karrierechancen | Kommunikation in der Firma | sich auf typische Fragen vorbereiten | Stationen im Leben | wichtige Personen im eigenen Umfeld | Lohn/Gehalt | Erstkontakt

1 Arbeitgeber/Firma: ______

2 gutes Arbeitsumfeld: ______

3 relevante Ereignisse und Erfahrungen für die Berufswahl: ______

4 berufliches Vorbild: ______

5 Vorgehen bei der Arbeitssuche: ______

6 Wichtiges beim Bewerbungsgespräch: ______

b Erstellen Sie für eines der folgenden zwei Themen eine Mindmap und schreiben Sie zu jedem Unterpunkt Ihre Ideen dazu auf.

Beschreiben Sie **ein Produkt/eine Dienstleistung** Ihrer Wahl (z. B. Merkmale, Nutzen für Kunden, Vor- und Nachteile, Erfolg).

oder

Sie möchten sich **selbstständig** machen. Beschreiben Sie Ihre **Geschäftsidee** (z. B. welches Produkt/welche Dienstleistung, Besonderheiten, Zielgruppe).

Nicht vergessen!

Mit **Mindmaps** können Sie gut Ihre Ideen für eine Präsentation sammeln und strukturieren.

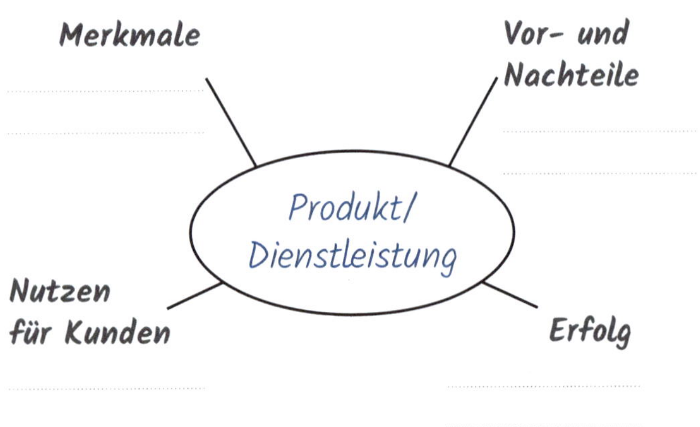

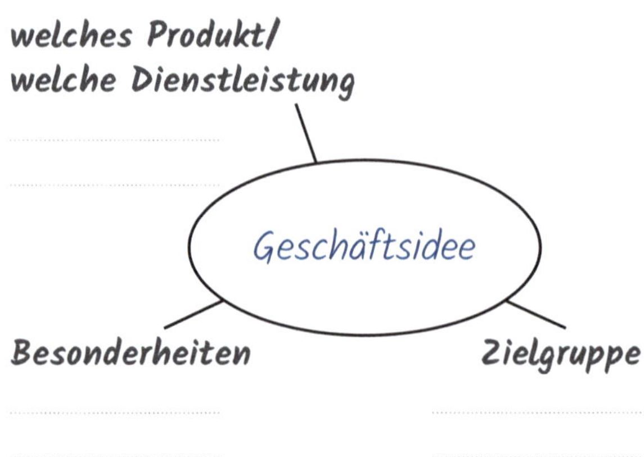

2 Eine gute Präsentation vorbereiten

Schon gewusst?

Für den Prüfungsteil **Sprechen** gibt es keine Vorbereitungszeit; er besteht aus drei Teilen.

Auch **Sprechen Teil 1** besteht aus drei Teilen. In der Prüfungsaufgabe **Sprechen Teil 1A** erhalten Sie zwei von den acht möglichen Themenfeldern zur Auswahl und entscheiden sich für ein Thema, das Sie dann in **ca. 2 Minuten** präsentieren sollen. Die acht Themenfelder können Sie zu Hause vorbereiten. Lernen Sie aber nichts auswendig!

a Hören Sie eine Präsentation zum Thema „Arbeitgeber" und markieren Sie, ob die Aussagen zu der Präsentation richtig oder falsch sind. 30

		✓	✗
1	Die Aussprache ist verständlich.	☐	☐
2	Es wird flüssig, aber nicht monoton gesprochen.	☐	☐
3	Manche Sätze sind komplex. (Nebensätze, verschiedene Strukturen)	☐	☐
4	Die Präsentation war informativ.	☐	☐

b Wie könnte man das besser sagen? Formulieren Sie schriftlich Sätze in der Vergangenheit und benutzen Sie dafür die angegebenen Konnektoren.

1	nicht nur ..., sondern auch ...:	Haare schneiden – Haare färben
2	denn:	Kundengespräche interessant sein – Arbeit mir viel Spaß machen
3	obwohl:	viel Arbeit haben – auch Spaß haben
4	zwar ..., aber ...:	viele nette Kunden – einige schwierige Kunden
5	wenn:	Probleme haben – immer Kollegen fragen können

c Nehmen Sie ein Video mit Ihrer Präsentation zum Thema „Arbeitgeber, für den Sie gearbeitet haben oder arbeiten möchten" auf. Sprechen Sie über die Branche, Produkte und Dienstleistungen, die Abteilungen und ihre Aufgaben, die Besonderheiten. Verwenden Sie dabei folgende Konnektoren in Ihrer Präsentation: *während, oder, solange, denn, dass, um ... zu.*

Nicht vergessen!

Präsentationsfolien wie bei **Hören Teil 3** sind ein hilfreiches Mittel, um Ihre Präsentation vorzubereiten. Die Unterpunkte bei jedem Prüfungsthema können Ihnen dabei helfen, die Präsentation zu strukturieren.

Schon gewusst?

Während der Prüfung sind keine Hilfsmittel erlaubt.

d Überlegen Sie, wie Sie sich ein „gutes Arbeitsumfeld“ vorstellen. Notieren Sie für das Thema zu jeder Präsentationsfolie mehrere Informationen.

Jobsicherheit	………………………… ………………………… …………………………
Lohn/Gehalt	………………………… ………………………… …………………………
Karrierechancen	………………………… ………………………… …………………………
Kommunikation in der Firma	………………………… ………………………… …………………………
Beispiele aus Ihrer Berufserfahrung	………………………… ………………………… …………………………

Nicht vergessen!

Während der Präsentation sind Formulierungen wichtig, um Aussagen zu strukturieren oder von einem Punkt zum nächsten überzuleiten. Wiederholen Sie die Redemittel aus Kapitel 8 (Hören Teil 3), Aufgabe 4a.

e Ordnen Sie die Formulierungen den Kategorien zu. Schreiben Sie **E** für Einleitung und **Ü** für Überleitung.

1 ☐ Ich würde gerne über ... sprechen, denn ...

2 ☐ Darüber hinaus würde ich gerne über den Einfluss dieser Person auf meine Berufswahl sprechen.

3 ☐ Heute würde ich gerne darstellen, welche Ereignisse und Erfahrungen meine Berufswahl beeinflusst haben, und möchte mit ... beginnen.

4 ☐ Nachdem man zum Bewerbungsgespräch eingeladen wird, informiert man sich natürlich über die Firma, damit man Fragen zur Firma auch beantworten kann.

5 ☐ Ich habe das Thema ... ausgesucht und würde gerne beschreiben, wie ich mir ein gutes Arbeitsumfeld vorstelle.

6 ☐ Auf der anderen Seite gibt es aber auch natürlich Nachteile, die das Produkt hat.

7 ☐ Ich habe mich für das Thema ... entschieden, und zwar aus dem Grund, dass ...

f Üben Sie nun die Präsentation aus 2d und benutzen Sie passende Formulierungen aus 2e.

3 Auf Fragen souverän reagieren

Schon gewusst?

Genauso wichtig wie die Präsentation sind bei diesem Prüfungsteil **Ihre Antworten auf vertiefende Fragen der Prüferin / des Prüfers.** In der Prüfungsaufgabe **Sprechen Teil 1B** sollen Sie zeigen, dass Sie spontan und angemessen reagieren können.

a Welche Formulierungen, die Ihnen ein wenig Zeit zum Nachdenken geben, hören Sie? Kreuzen Sie an. 31

1 ☐ Lassen Sie mich kurz überlegen.
2 ☐ Das ist eine gute Frage.
3 ☐ Wie war das nochmal? Ach ja, ...
4 ☐ Da muss ich kurz überlegen.
5 ☐ Wie war das denn genau?
6 ☐ Das ist jetzt nicht leicht zu beantworten.
7 ☐ Sie sprechen einen wichtigen Punkt an. Wenn ich spontan antworten müsste, würde ich sagen, dass ...
8 ☐ Das ist eine interessante Frage und ich denke, ...

b Welche Formulierungen können Sie benutzen, um zu sagen, dass Sie etwas nicht verstanden haben? Ordnen Sie zu.

1 Entschuldigung, ich habe die
2 Es tut mir leid, aber
3 Habe ich Sie richtig verstanden,
4 Entschuldigen Sie, ich frage nach,
5 Tut mir leid, das habe ich nicht genau
6 Es tut mir leid, ich verstehe das
7 Ich bin mir nicht sicher,
8 Könnten Sie die Frage bitte anders stellen?

a ich habe die Frage leider nicht richtig verstanden.
b dass Sie wissen wollen, was / wie / wo / warum /...?
c Frage nicht genau verstanden. Könnten Sie sie bitte wiederholen?
d Wort ... nicht. Können Sie bitte erklären, was Sie meinen?
e damit ich Sie richtig verstehe. Sie wollen wissen, wer / was / wie / wann / warum /...
f verstanden. Können Sie bitte die Frage wiederholen?
g Ich verstehe nämlich nicht, was Sie mit ... / damit meinen.
h ob ich Sie richtig verstanden habe.

So geht's

Denken Sie daran, dass Ihre Prüfungspartnerin / Ihr Prüfungspartner die Antwort, die Sie auf die Fragen der Prüferin / des Prüfers geben, mit eigenen Worten wiedergeben muss. Antworten Sie daher **ausführlich** und **sprechen Sie deutlich.**

4 Hauptinformationen erkennen, notieren und umformulieren

Schon gewusst?

Die Prüfungsaufgabe **Sprechen Teil 1C** besteht darin, dass Ihre Prüfungspartnerin / Ihr Prüfungspartner Fragen bekommt und darauf spontan antwortet. Sie werden dann von der Prüferin / dem Prüfer gebeten, einen Aspekt dieser Antworten zu erklären.

Hören Sie aufmerksam zu und notieren Sie Stichworte. Geben Sie dann die Information mit Ihren eigenen Worten wieder.

32 **a** Hören Sie das Gespräch und ergänzen Sie die Notizen.

Gespräch 1

Problem: ....

....

eine Frauengruppe ....

....

Vorbereitung: ....

....

....

33 **b** Hören Sie zwei weitere Gespräche und notieren Sie die Hauptinformationen aus den Antworten.

Gespräch 2

....

....

....

....

....

....

....

Gespräch 3

....

....

....

....

....

....

....

c Suchen Sie Synonyme zu folgenden Wörtern oder formulieren Sie sie um.

Diskriminierung: ....

Frauengruppe: ....

Hauptprodukte: ....

d Formen Sie die Antworten aus 4a und b mit eigenen Worten um. Ihre Notizen helfen Ihnen.

e Wenden Sie zu zweit die Umformulierungen aus 4d an: Person A stellt eine Verständnisfrage, Person B antwortet mit der Umformulierung, dann tauschen Sie.

Der Kollege/Die Kollegin hat über ... gesprochen. Das habe ich leider nicht ganz verstanden. Können Sie mir das noch einmal erläutern?

Ja, gerne. Der Kollege/Die Kollegin meinte ...

5 Prüfungsaufgabe: Sprechen Teil 1

Teil 1A Über ein Thema sprechen (ca. 2 Minuten pro TN)

Wählen Sie ein Thema aus und sprechen Sie ca. zwei Minuten darüber. Zeigen Sie, was Sie können.

Beschreiben Sie, wie Sie sich ein **gutes Arbeitsumfeld** vorstellen (z. B. Jobsicherheit, Lohn / Gehalt, Karrierechancen, Kommunikation in der Firma, Beispiele aus Ihrer Berufserfahrung).

oder

Beschreiben Sie, worauf es bei einem **Bewerbungsgespräch** ankommt. Sprechen Sie über ein Land Ihrer Wahl (z. B. Berufsfeld, Vorbereitung, Kleidung, typische Fragen).

Teil 1B Prüferfragen (ca. 2 Minuten pro TN)

Im Anschluss an Ihre Ausführungen stellt Ihnen die Prüferin bzw. der Prüfer Fragen. Während Sie sprechen, macht sich Ihre Gesprächspartnerin bzw. Ihr Gesprächspartner Notizen.

Teil 1C Erläuterung eines Aspekts (ca. ½ Minute pro TN)

Die zweite Prüferin / der zweite Prüfer bittet Ihre Gesprächspartnerin bzw. Ihren Gesprächspartner, einen Aspekt aus Ihren Antworten zu erläutern. Zum Beispiel mit diesen Worten: „TN A / B hat über ... gesprochen. Das habe ich leider nicht ganz verstanden. Können Sie mir das noch einmal erläutern?"

1 Smalltalk führen

a Welche Themen sind typisch für Smalltalk? Welche Themen sollte man lieber am Arbeitsplatz nicht ansprechen? Diskutieren Sie im Kurs.

> **Nicht vergessen!**
> Bei Gesprächen sind Partikeln *(ja, doch, mal, denn, ...)* wichtig, weil sie emotionale Inhalte (Überraschung, Freude, Wut, Interesse etc.) ausdrücken und damit ein Gespräch lebendiger machen. Sie können mehrere Bedeutungen haben, z. B. kann *ja* eine Warnung *(Mach das ja nicht, sonst ...)*, eine Idee *(Du kannst ja den Hausmeister fragen.)* oder Überraschung *(Du bist ja schon hier!)* ausdrücken.

34 **b** Hören Sie folgende Sätze und wählen Sie aus, welche Bedeutung durch die jeweilige Modalpartikel ausgedrückt wird.

1	denn	a ☐ Überraschung	b ☐ Interesse
2	ja	a ☐ Warnung	b ☐ Überraschung
3	doch	a ☐ eine positive Reaktion erwartend	b ☐ Überraschung
4	vielleicht	a ☐ Bitte	b ☐ Ärger
5	schon	a ☐ Ermunterung	b ☐ Vermutung

c Welche Partikel passt? Ergänzen Sie die Partikeln in den Sätzen. Lesen Sie sie laut mit der entsprechenden Emotion.

1	Überraschung	Ist Claudio noch nicht im Büro?
2	Ermunterung	Erzähl, was die Chefin zu deinem Vorschlag gesagt hat!
3	Bitte	Könntest du mir bei der Abrechnung helfen?
4	Überraschung	Der Geschäftsabschluss ist ein guter Grund zu feiern.
5	Überraschung	Jeden Tag mit dem Fahrrad zur Arbeit? Du bist sportlich.

d Sammeln Sie mögliche Unterthemen zu den Themen aus 1a. Überlegen Sie auch Unterthemen mit Bezug auf den Arbeitsalltag.

Beispiel: **Urlaub**

- letzter Urlaub schon lange her
- Lieblingsurlaubsziel
- Urlaubspläne für dieses Jahr
- Urlaubsregelungen auf der Arbeit
- Vertretungen bei Urlaub - ...

2 Passende Redemittel verwenden

Schon gewusst?

In der Prüfungsaufgabe **Sprechen Teil 2** führen Sie mit Ihrer Prüfungspartnerin / Ihrem Prüfungspartner ein informelles „Pausengespräch". Ihnen werden zwei Themen vorgegeben, bei einem Thema beginnt Ihre Partnerin / Ihr Partner das Gespräch, bei dem anderen Thema Sie.

Sie haben keine Vorbereitungszeit und sollen zeigen, dass Sie solche informellen Gespräche mit Kolleginnen / Kollegen ohne größere Schwierigkeiten führen können. Die Gesprächsdauer beträgt **ca. 3 Minuten**.

a Mit welchen Sätzen kann man ein Gespräch anfangen **(A)** oder beenden **(B)**? Ordnen Sie die Formulierungen zu.

1 ☐ Haben Sie eigentlich schon gelesen, dass ...?
2 ☐ Lange nicht gesehen! Wie geht's denn so?
3 ☐ Nun gut, jetzt muss ich leider wieder an die Arbeit. Bis später.
4 ☐ Hast du schon gehört, dass ...?
5 ☐ Ich habe vorhin erfahren, dass ...
6 ☐ Ich habe leider noch etwas zu tun. Wir sehen uns.
7 ☐ Jetzt muss ich aber leider weiterarbeiten.
8 ☐ Was machen Sie eigentlich am ...?
9 ☐ Schön, dass ich Sie / dich treffe. Ich hätte da eine Frage.
10 ☐ Na, dann noch einen schönen Tag, ich muss jetzt weiterarbeiten. Bis dann.

So geht's

Wenn Sie das Thema bekommen, können Sie es vorlesen oder mit eigenen Worten wiedergeben. Beachten Sie, dass die Fragen in der Du-Form formuliert sind, Sie können aber Ihre Prüfungspartnerin / Ihren Prüfungspartner auch siezen.

b Welche Formulierungen sind höflich und daher geeignet, um ein Gespräch am Laufen zu halten, welche ungeeignet oder unhöflich? Markieren Sie **(+)** für höflich und **(–)** für unhöflich.

1 ☐ Das klingt interessant.
2 ☐ Nein, das interessiert mich nicht.
3 ☐ Woher wissen Sie das? Das glaube ich nicht.
4 ☐ Wirklich? Was wurde dann daraus?
5 ☐ Das habe ich nicht richtig verstanden. Was meinen Sie genau?
6 ☐ Das ist mir egal.
7 ☐ Was geht Sie das an?
8 ☐ Da kann ich Ihnen nur zustimmen.
9 ☐ Das ist doch Quatsch.
10 ☐ Das ist ja an den Haaren herbeigezogen.
11 ☐ Ist das Ihr Ernst?
12 ☐ Ich sehe das genauso.
13 ☐ Danke, aber das geht mich nichts an und ich würde Sie bitten, mir solche Sachen nicht zu erzählen.
14 ☐ Tatsächlich? Und? Erzählen Sie doch weiter!
15 ☐ Tut mir leid. Ich habe jetzt keine Zeit für so etwas.

3 Ein Gespräch in Gang halten

35 **a** Was stört bei den folgenden Gesprächen? Was könnte man besser machen? Ordnen Sie zu und diskutieren Sie im Kurs.

Gespräch 1	a	nicht themenbezogen
Gespräch 2	b	zu kurz
Gespräch 3	c	zu privat
Gespräch 4	d	zu lang

So geht's

Versuchen Sie, interessante, aber nicht zu private Informationen weiterzugeben. Beenden Sie Ihre Antwort mit einer zum Gesprächsthema passenden **Gegenfrage.**

b Ordnen Sie folgende Antworten den Beurteilungen zu.

Woher kommen Sie?

1 *Türkei.*

2 *Ich komme aus der Türkei. Warum?*

3 *Ich komme aus einer kleinen Stadt in der Türkei, in der Nähe von Kayseri. Das ist in der Zentraltürkei. Waren Sie schon einmal in der Türkei?*

a ☐ Antwort ist kurz, die Gegenfrage wirkt unhöflich.
b ☐ Antwort ist sehr kurz und beendet wahrscheinlich den Smalltalk.
c ☐ Antwort ist gut, bietet viele Informationen und eine Gegenfrage, die ein weiteres Gespräch ermöglicht.

c Überlegen Sie sich ausführliche Antworten auf folgende Fragen. Stellen Sie auch eine passende Gegenfrage.

1 Was machen Sie gern in Ihrer Freizeit?
2 Nach dem Mittagessen brauche ich einen Espresso. Trinken Sie auch so gern Kaffee?
3 Ich finde die Idee, Hunde an den Arbeitsplatz mitzubringen, gut.

Schon gewusst?

Eine Strategie, um sich Zeit zu verschaffen, ist, die Ihnen gestellte Frage oder Elemente daraus aufzugreifen. So gewinnen Sie einen Moment, um zu überlegen, was Sie sagen wollen und was interessant sein könnte.

d Ordnen Sie die Antworten den Fragen zu. Wie wurden Elemente wieder aufgegriffen? Markieren Sie im Text.

1 *Du arbeitest doch schon länger hier. Kannst du mir ein gutes Restaurant in der Nähe empfehlen?*

2 *Ich mache zurzeit einen Englischkurs an der VHS. Welche Fremdsprachen sprichst du eigentlich?*

3 *Der Bus hatte heute 15 Minuten Verspätung. Fast wäre ich zu spät gekommen. Wie kommen Sie zur Arbeit?*

4 *Hallo Herr Ionescu. Sie sind ja wieder aus dem Urlaub zurück. Wie war es denn?*

a *Danke, dass Sie fragen. Insgesamt war der Urlaub ganz gut, würde ich sagen. Die Ostsee ist immer eine Reise wert, allerdings war das Wetter leider nicht so gut. Und wie haben Sie Ihren Urlaub verbracht?*

b *Ein gutes Restaurant? Puh, da gibt es sehr viele. Mir schmeckt es besonders in dem japanischen Restaurant am Alten Markt. Aber das ist natürlich Geschmackssache. Welche Küche magst du denn besonders gern?*

c *Mmh, Fremdsprachen, gute Frage. Ich habe einige gelernt, aber so richtig gut kann ich nur Französisch. Warum besuchst du den Englischkurs an der VHS?*

d *Wie ich zur Arbeit komme? Nun, am bequemsten ist es mit dem Zug, da brauche ich nur ca. 10 Minuten. Aber im Sommer fahre ich gern mit dem Rad, das dauert eine halbe Stunde. Wie lange brauchen Sie denn zur Arbeit?*

So geht's

Wenn Sie mit dem Thema keine Erfahrungen gemacht haben, dann können Sie entweder das Thema auf eine passende Art und Weise wechseln oder Sie können über Erfahrungen anderer Personen in Ihrem Umfeld berichten.

36 **e** Hören Sie die Gesprächsausschnitte. Wie reagieren die Kolleginnen / Kollegen? Ordnen Sie zu.

Gespräch 1	
Gespräch 2	Themawechsel
Gespräch 3	über andere Person / Personen sprechen
Gespräch 4	

37 **f** Hören Sie ein Gespräch. Welche Strategien aus 3a–e benutzen die Personen? Ergänzen Sie. Nicht alle Strategien kommen in dem Gespräch vor.

detaillierte Antwort geben | eine Gegenfrage stellen | die gestellte Frage oder Elemente daraus aufgreifen | Thema wechseln | detaillierte Antwort geben | ~~eine Frage stellen~~

Frau Sánchez **Herr Singh**

1 *eine Frage stellen* ....

2 ....

3 ....

4 ....

5 ....

g Spielen Sie mit Ihrer Partnerin/Ihrem Partner. Würfeln Sie und rücken Sie zu einem Thema vor. Üben Sie dann zu zweit ein informelles Gespräch am Arbeitsplatz über dieses Thema. Für jede gut angewandte Gesprächsstrategie bekommen Sie einen Punkt. Wer am Ende die meisten Punkte hat, gewinnt.

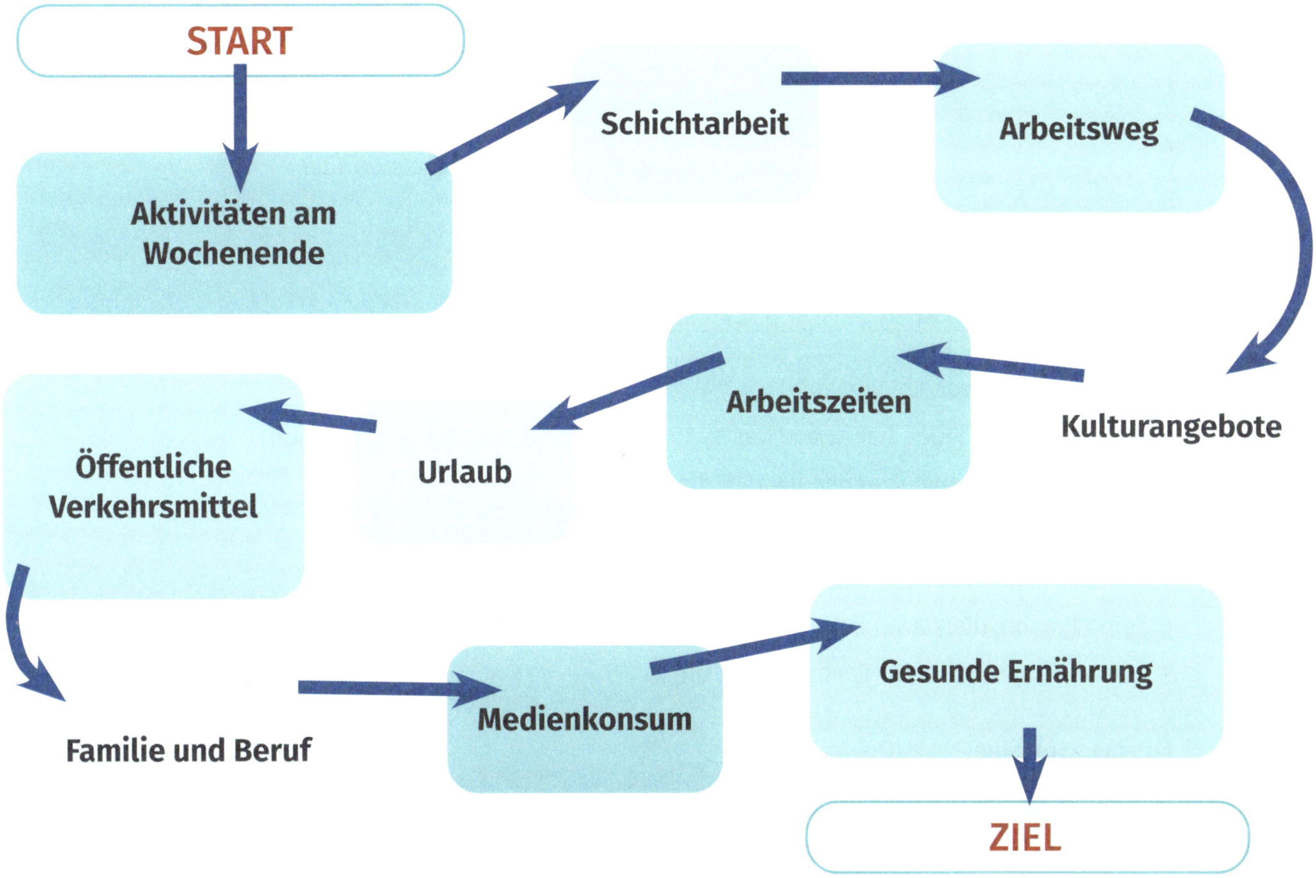

4 Prüfungsaufgabe: Sprechen Teil 2

Teilnehmer/in A und B

Teil 2 Mit Kolleginnen und Kollegen sprechen (ca. 3 Minuten)

Hast du schon gehört? Unser Betriebsausflug fällt dieses Jahr aus. Die Firma muss wahrscheinlich sparen.

1

Ich muss heute länger arbeiten, weil wir viele neue Kunden haben. Machst du auch manchmal Überstunden?

2

1 Gemeinsam Probleme lösen

a Welche Wörter passen zu den Erklärungen? Lösen Sie das Rätsel und finden Sie das Lösungswort.

1
2
3
4
5
6
7

1 das Gegenteil von Lösung: das ...
2 Wenn man eine Idee hat, wie etwas zu lösen ist, kann man einen ... machen
3 große Anstrengung, Arbeitsaufwand: die ...
4 Wenn man einen Auftrag rückgängig machen will, muss man ihn ...
5 eine Person, die etwas kauft: der ...
6 eine Person, die Waren liefert: der ...
7 der Auftrag zur Lieferung von Waren: die ...

Lösungswort: die _ _ _ _ _ _ _

b Ordnen Sie die Formulierungen den drei Gruppen zu.

~~Was halten Sie davon, wenn wir ...?~~ | Das ist eine gute Idee. | Ich bin nicht sicher, ob das unser Problem wirklich löst. | Gut, dann machen wir das so. | Wie wäre es, wenn wir Folgendes machen: ...? | Wir müssen unbedingt den Schaden minimieren, daher sollten wir ... | Ich finde die Idee ehrlich gesagt nicht so gut, weil ... | Ja, die Idee gefällt mir und wir können dann auch gleich ... informieren. | Das wird wahrscheinlich nicht funktionieren, weil ... | Ich finde die Idee sehr gut. | Es wäre gut, wenn wir ... machen würden. Was halten Sie davon? | Das klingt gut. | Mein Vorschlag wäre, dass ... | Könnten wir nicht einfach ... machen? | Um ehrlich zu sein, überzeugt mich das nicht, denn ... | Halten Sie das wirklich für eine gute Idee? Es könnte nämlich sein, dass ... | Ja, so können wir das machen.

1 etwas vorschlagen	2 jemandem zustimmen	3 etwas anzweifeln oder ablehnen
Was halten Sie davon, wenn wir ...?		

c Welche Formulierungen sind höflicher? Sprechen Sie mit einer Partnerin/einem Partner.

1 a ☐ Der Lieferant muss angerufen werden.
  b ☐ Du musst den Lieferanten anrufen.

2 a ☐ Fragen Sie Ihre Kollegin!
  b ☐ Könnten Sie Ihre Kollegin fragen?

3 a ☐ Du kannst diese Aufgabe übernehmen.
  b ☐ Du könntest diese Aufgabe übernehmen.

So geht's

Höflichkeit erleichtert den Arbeitsalltag auch unter Kolleginnen und Kollegen. Fragen sind höflicher als Befehle, der Konjunktiv II wirkt freundlicher als der Indikativ. Auch das Passiv eignet sich, um anstehende Aufgaben anzusprechen. Übertriebene Höflichkeit wirkt jedoch altmodisch und sollte vermieden werden.

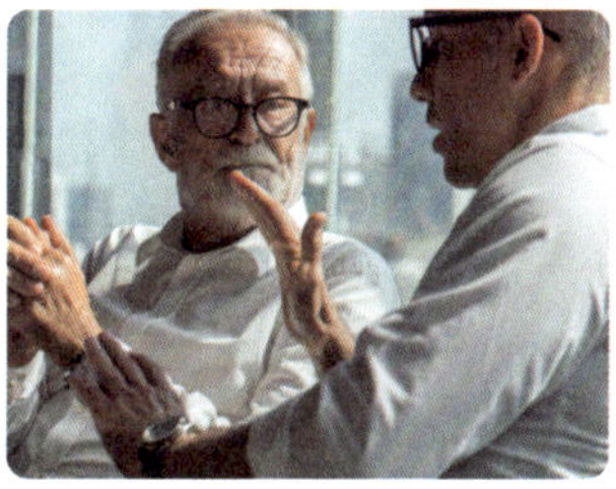

d Formen Sie folgende Sätze in höflichere Varianten um.

1 Du musst die Maschine reparieren.

....

2 Informiere bitte den Kunden!

....

3 Du musst die Bestellung sofort stornieren.

....

4 Kontrollieren Sie die gelieferten Produkte!

....

5 Wir müssen den Lieferanten wechseln.

....

6 Sag mir deine Meinung dazu.

....

7 Teilen wir uns die Aufgaben auf!

....

8 Übernimm diese Aufgabe!

....

2 Höflich Vorschläge formulieren und Aufgaben verteilen

Schon gewusst?

In der Prüfungsaufgabe **Sprechen Teil 3** bekommen Sie ein Problem geschildert. Sie sollen ohne Vorbereitung mit Ihrer Partnerin / Ihrem Partner nach Lösungsmöglichkeiten suchen und diese diskutieren. Dafür haben Sie **ca. 4 Minuten** Zeit.

So geht's

Es ist wichtig, sinnvolle Vorschläge und gute Argumente zu liefern. Vorschläge sind dann gut, wenn sie akzeptabel für die Kundin / den Kunden, für die Firma und für Sie sind.

a Arbeiten Sie zu zweit. Lesen Sie die wichtigsten Punkte der folgenden Problemfälle laut vor und fassen Sie das Problem kurz mündlich zusammen. Fragen Sie Ihre Partnerin / Ihren Partner nach einem Vorschlag oder einer Lösung.

Beispiel:

Problem: Eine Kundin hat ein Handtuch gekauft und es bei 60 Grad in der Waschmaschine gewaschen. Dabei ist es eingelaufen, obwohl das Handtuch laut Herstellerangabe bei dieser Temperatur gewaschen werden darf.

Ein Handtuch ist bei 60 Grad eingelaufen und die Farbe ist verblichen. Ich denke, das Problem ist die Qualität des Handtuchs. Das darf nicht passieren und jetzt ist die Kundin selbstverständlich sauer. Hm, haben Sie eine Idee, wie wir das Problem lösen können?

1 Kunden haben im Restaurant einen Salat bestellt und sind nicht zufrieden. Sie beschweren sich, dass der Salat nicht frisch ist. Außerdem fehlen die Tomaten, die auf der Speisekarte stehen.

2 Sie haben einen kleinen Supermarkt und ein Lieferant hat die falschen Produkte geliefert. Sie brauchen sie dringend bis morgen, denn Ihr Lager ist fast leer. Eine neue Lieferung dauert aber zwei Tage.

3 Vor dem Eingang hat sich eine Person übergeben und die anderen Mitarbeiter und der Hausmeister sind noch in der Mittagspause. Sie haben keinen Schlüssel für den Putzmittelschrank.

b Formulieren Sie Lösungsvorschläge für die Probleme aus 2a. Sie können die Formulierungen aus 1b verwenden.

Wir könnten der Kundin anbieten, dass wir ihr ein neues Handtuch von einem anderen Hersteller kostenlos zuschicken.

....

....

c Folgende Formulierungen für Bedenken helfen Ihnen bei der Diskussion. Ordnen Sie die Formulierungen den drei Gruppen zu.

Haben wir denn das Geld dafür? | Das hilft aber der Kundin nicht. | Ich glaube nicht, dass ein Mitarbeiter das freiwillig macht. | Okay, aber können wir uns das finanziell leisten? | Wenn wir das machen, dann verlieren wir den Kunden. | Ja, aber wird das nicht sehr teuer werden? | Wer soll das machen? Dafür brauchen wir viele Leute. | Das wird die Kundin bestimmt nicht akzeptieren. | Das wird bestimmt nicht günstig werden. | Wenn wir das machen, dann beschweren sich die Mitarbeiterinnen.

1 Kundenzufriedenheit	2 finanzielle Aspekte	3 Mitarbeiterinnen/ Mitarbeiter
	Haben wir denn das Geld dafür?	

d Mit welchen Formulierungen können Sie zustimmen, Zweifel ausdrücken oder nachfragen? Ordnen Sie die Überschriften zu, indem Sie die passende Zahl notieren.

1 Zustimmung: Sie haben den Vorschlag verstanden und finden ihn gut.
2 Zweifel: Sie stimmen nicht zu, weil es Ihrer Meinung nach Probleme oder Einwände gibt.
3 Nachfrage: Sie haben den Vorschlag nicht verstanden.

- ☐ a Ja, ich verstehe dich, jedoch bin ich nicht ganz sicher, ob das unser Problem löst.
- ☐ b Ich bin unschlüssig, ob wir das so machen können. Findest du nicht, dass wir die Kundschaft damit verärgern?
- ☐ c Die Idee ist wirklich sehr gut. Dann könnten wir noch darüber hinaus ...
- ☐ d Ja, mir gefällt deine Idee. Und sie bietet auch die Möglichkeit, ... zu machen.
- ☐ e Es tut mir leid, aber was bedeutet ...? Ich verstehe das nicht.
- ☐ f Was genau meinst du damit? Könntest du das vielleicht noch mal erklären?

3 Lösungen besprechen

Spielen Sie zu dritt. Sie brauchen eine Liste mit den Redemitteln aus 2c und 2d.

So geht's

Wenn Sie das Gespräch beginnen, **lesen** Sie die Aufgabe und **fassen** Sie das Problem mit Ihren eigenen Worten **zusammen**. Dann **fragen** Sie Ihre Partnerin / Ihren Partner, ob sie / er schon eine Idee oder einen Vorschlag hat. Wenn Ihre Partnerin / Ihr Partner beginnt, dann **hören** Sie erst einmal **zu** und **reagieren** auf ihren / seinen Vorschlag oder Sie machen einen Vorschlag.

Spielregeln:
Spielerin / Spieler A fasst das erste Problem zusammen und formuliert einen Vorschlag. Spielerin / Spieler B muss mit einer Begründung ablehnen. Spielerin / Spieler C muss zustimmen.

Punkteverteilung: Für jede flüssig gesprochene Formulierung gibt es 1 Punkt. Für ein gutes Argument (Gruppe entscheidet) gibt es 1 Punkt. Undeutliche Aussprache gibt 0,5 Punkte Abzug.

Abschließend werden die Punkte notiert, die benutzten Formulierungen von der Liste abgehakt und die nächste Runde beginnt.

Spielerin / Spieler C, die / der zustimmen musste, beginnt die nächste Runde und wählt ein anderes Problem. Sie / Er beginnt, Spielerin / Spieler A muss mit einer Begründung ablehnen, Spieler B muss zustimmen.

Es werden Punkte verteilt, benutzte Formulierungen markiert und die nächste Runde beginnt. Nun beginnt Spielerin / Spieler B. Es wird so lange gespielt, bis alle Probleme besprochen sind.

Schon gewusst?

In der Prüfungsaufgabe **Sprechen Teil 3** sind immer vier Stichpunkte angegeben, auf die Sie sich beziehen können, aber nicht müssen. Die Stichpunkte helfen Ihnen, wenn Sie keine gute Idee haben, was Sie zu dem Thema sagen sollen.

	Probleme	Punkte
1	In der Nacht wurde im Friseurgeschäft, in dem Sie arbeiten, eingebrochen. In einer halben Stunde kommen die ersten Kunden.	
2	Im Supermarkt ist ein Regal mit Weinflaschen umgefallen und die Getränkeabteilung ist voller Wein und Glassplitter.	
3	Ein Handwerker hat seine Bohrmaschine zu Hause vergessen und der Weg nach Hause dauert über eine Stunde. Ein Baumarkt ist in der Nähe.	
4	Für eine Besprechung mit 15 Personen wurde eine Cateringfirma engagiert. Sie haben sich aber im Datum geirrt und es gibt kein Catering.	
5	Ein Kunde hat einen E-Roller bei Ihnen gekauft und ihn auch intensiv genutzt. Jetzt nach zwei Wochen möchte er ihn gern wieder zurückgeben. Das Gerät weist deutliche Gebrauchsspuren auf.	
6	Sie haben eine Reinigungsfirma engagiert, die ein Möbelstück beschädigt hat. Die Farbe ist beim Saubermachen abgegangen.	

So geht's

Üben Sie mit anderen Kursteilnehmenden diese Diskussionen zur Problemlösung regelmäßig oder nehmen Sie sie mit dem Smartphone auf. Dadurch können Sie sich selbst kontrollieren und bemerken Fortschritte und Aspekte, die man noch verbessern kann.

4 Prüfungsaufgabe: Sprechen Teil 3

Teil 3 Lösungswege diskutieren (ca. 4 Minuten)

Situation

Ihr Betrieb druckt Werbematerial für verschiedene Geschäfte. In letzter Zeit war das Material nicht immer pünktlich fertig, weil Ihr Lieferant Ihnen das Papier zu spät geliefert hat. Einige Geschäftskunden sind verärgert.

Aufgabe

Überlegen Sie zusammen mit Ihrer Gesprächspartnerin oder Ihrem Gesprächspartner, wie Sie in dieser Situation angemessen reagieren.
Diese Stichpunkte helfen Ihnen:

Papier fehlt: Was tun?

Geschäftskunden:
Wie kontaktieren? Was vorschlagen?

Lieferant:
Wie kontaktieren? Was fordern?

Langfristig:
Wie in Zukunft planen?
Wie Kommunikation verbessern?

...?

Nicht vergessen!

In der Prüfung sollen Sie die Antwort nicht ankreuzen, sondern sie markieren wie hier:

a b c d

Lesen Teil 1

Sie lesen online in einer Wirtschaftszeitung und möchten Ihren Freunden einige Artikel schicken. Entscheiden Sie, welcher Artikel a–h zu welcher Person 1–5 passt.

1	Aleksandra ist frustriert, weil sie nicht befördert wird.	1 a b c d e f g h 1
2	Hamid kommt neuerdings oft gestresst, nervös und müde von der Arbeit.	2 a b c d e f g h 2
3	Jutta trinkt nach der Arbeit regelmäßig ein Glas Wein zur Entspannung.	3 a b c d e f g h 3
4	Markus überlegt, was er nach seinem Abitur machen soll.	4 a b c d e f g h 4
5	Matthias möchte sich beruflich verbessern und sich fortbilden.	5 a b c d e f g h 5

a Burn-out-Syndrom

Was ist das eigentlich und wie entsteht es genau? Erste Alarmzeichen sind Erschöpfung, Schlaflosigkeit, Unruhe und Reizbarkeit. Heiko Merz erklärt, wie man einen Burn-out erkennt und welche Sofortmaßnahmen es gibt.

mehr ...

b Gleichgewicht zwischen Arbeit und Privatleben

Nur wer genügend Zeit für sich selbst hat, hat ausreichend Kraft, um seiner Arbeit nachzugehen. Wer Ruhezeiten nicht einhält, riskiert Probleme bei der Arbeit und in der Familie, sagt Psychologin Amaya Adli. Lesen Sie hier ihren Beitrag.

mehr ...

c So machen Frauen Karriere!

Sie sind genauso gut qualifiziert wie Ihre männlichen Kollegen und steigen trotzdem im Job nicht auf? Im folgenden Artikel erfahren Sie, auf welche Art Frauen ihre Aufstiegschancen verbessern können.

mehr ...

d Berufschancen im Bereich Maschinenbau so gut wie nie

Die Branche boomt und Fachkräfte werden dringend gesucht. Aktuell sind noch relativ wenige Arbeitsplätze im Maschinenbau von Frauen besetzt, aber das soll sich ändern. Hier erklären Firmen, wie sie Frauen zu einer Karriere in diesem Bereich motivieren wollen.

mehr ...

e Welchen Beruf soll ich wählen?

Diese Frage stellt sich spätestens nach dem Schulabschluss und das Angebot an Ausbildungsmöglichkeiten und Studiengängen ist riesengroß. Bei der Berufsberatung in Villingen-Schwenningen beantworten Studierende, Auszubildende und Personalchefs Fragen zu verschiedenen Berufen.

mehr ...

f Man lernt nie aus

Nach der Schule einen Beruf erlernen und bis zur Rente darin arbeiten? Das gibt es nicht mehr. Heute geht der Trend zum lebenslangen Lernen. Jasmin Bauer erklärt, wie man herausfindet, was zu einem passt, und informiert über fachliche Spezialisierungen und Weiterbildungsmöglichkeiten.

mehr ...

g Netzwerken in entspannter Atmosphäre

Eine Firmenfeier kann eine gute Gelegenheit sein, eine persönliche Ebene zu Kollegen und Vorgesetzten aufzubauen. Lesen Sie hier, wie man Betriebsfeiern als Plattform zum Knüpfen neuer Kontakte nutzt und welche Themen sich für ein Gespräch bei einem Glas Wein oder Sekt eignen.

mehr ...

h Stressbewältigung – aber wie?

Der Arbeitstag war anstrengend und zur Erholung gönnt man sich abends ein alkoholisches Getränk. Kein Problem, oder? Achtung! Es besteht ein Zusammenhang zwischen vermehrtem Stress und dem Griff zum Alkohol. Ab wann wird diese Gewohnheit problematisch und wer sollte sich Hilfe holen?

mehr ...

Lesen Teil 2

Lesen Sie die Texte und die Aufgaben 6–9. Ist die Aussage dazu richtig oder falsch und welche Antwort (a, b oder c) passt am besten?
Markieren Sie Ihre Lösungen auf dem Antwortbogen.

Text 1

Willkommensmappe für neue Mitarbeiterinnen und Mitarbeiter

Einarbeitung

Um Ihnen den Einstieg an Ihrem neuen Arbeitsplatz zu erleichtern, bekommen Sie bei uns unabhängig von Ihrer Funktion im Unternehmen für die ersten drei Monate eine Patin oder einen Paten zur Seite gestellt. Sie/Er hilft Ihnen bei der erfolgreichen Eingliederung ins Unternehmen, macht Sie mit den Abläufen in der Firma vertraut und erklärt Ihnen auch unsere Unternehmenskultur. Bei fachlichen Fragen stehen Ihnen Ihre Vorgesetzten zur Verfügung.

Nach den ersten vier Wochen findet ein erstes Gespräch mit der Person statt, mit der Sie bis dahin am meisten zusammengearbeitet haben. Dieses Gespräch dient dazu, dass Sie eine Rückmeldung zu Ihrer Arbeit erhalten und uns bei der Gelegenheit schildern können, inwieweit Ihr neuer Arbeitsplatz Ihren Erwartungen und Vorstellungen entspricht. Weitere Feedbackgespräche werden nach drei und nach sechs Monaten geführt.

6 Neue Mitarbeiterinnen und Mitarbeiter werden bei der fachlichen Einarbeitung von einer Patin oder einem Paten unterstützt.
richtig/falsch?

6 ○ richtig ○ falsch 6

7 Mitarbeitergespräche werden

a alle vier Wochen durchgeführt.
b insgesamt drei Mal durchgeführt.
c mit dem oder der Vorgesetzten durchgeführt.

7 ○ a ○ b ○ c 7

Text 2

Willkommensmappe für neue Mitarbeiterinnen und Mitarbeiter

Arbeitssicherheit an der Kfz-Hebebühne

Eine unserer größten Ausbildungsabteilungen ist die Kfz-Werkstatt. Hier gelten besondere Sicherheitsvorschriften, die unter allen Umständen eingehalten werden müssen.

Voraussetzung für den Einsatz in der Werkstatt ist das Tragen von Sicherheitskleidung. Sie werden von uns mit folgenden Kleidungsstücken ausgestattet: individuell angepassten Sicherheitsschuhen, Werkstatthose, Overall und Schutzbrille.

Im Mittelpunkt der Werkstatt stehen die Hebebühnen, mit denen die Autos in die Höhe gehoben werden. Hier ist besondere Vorsicht geboten.

Es gelten folgende Anweisungen:

- Die Hebebühne darf nicht jeder bedienen, sondern nur Mitarbeiter, die mindestens 18 Jahre alt sind und vorher die spezielle Sicherheitsschulung besucht haben. Hebebühnen dürfen von Azubis nur unter Aufsicht gesteuert werden.
- Die maximale Tragfähigkeit der Hebebühne darf nicht überschritten werden. Die entsprechenden Werte sind gut sichtbar an der Hebebühne angebracht.
- Der falsche Umgang mit der Hebebühne stellt ein großes Sicherheitsrisiko dar. Die Tragarme unserer Hebebühnen sind unterschiedlich lang und man muss darauf achten, dass die größere Last immer auf den kürzeren Tragarmen liegt.
- Das Steuerelement hängt stets rechts von der Hebebühne und kann im Stehen bedient werden. Der Platz ist so zu wählen, dass die Bedienperson selbst beim Bedienen keiner Gefährdung ausgesetzt ist.
- Außerdem muss die Bedienperson den Hebevorgang immer beobachten und überblicken können. Ein unnötiger Aufenthalt im Bewegungsbereich oder sogar unter dem Fahrzeug ist verboten, insbesondere während des Senkvorgangs. Personen dürfen sich zu keiner Zeit auf der Hebebühne aufhalten.

8 Lehrlinge dürfen die Hebebühne selbstständig bedienen.
richtig/falsch?

8 ○ richtig ○ falsch **8**

9 Beim Bedienen der Hebebühne soll man

a die Tragarme unterschiedlich belasten.
b nicht im Stehen arbeiten.
c unter der Hebebühne bleiben.

9 ○ a ○ b ○ c **9**

Lesen Teil 3

Lesen Sie die Fragen 10–13. Lesen Sie die Texte a–f. Welche Frage passt zu welchem Tipp? Markieren Sie Ihre Lösungen auf dem Antwortbogen.
Für eine Frage gibt es keinen passenden Tipp. Markieren Sie dafür ein x auf dem Antwortbogen.

10

10 ○ a ○ b ○ c ○ d ○ e ○ f ○ x 10

Fabio
Mein Chef hat mir mit einer Abmahnung gedroht, weil ich bei der Arbeit im Lager keinen Sicherheitshelm getragen habe. Darf er das? Es war total heiß und ich habe nur Inventur gemacht.

11

11 ○ a ○ b ○ c ○ d ○ e ○ f ○ x 11

Anetta
Ich hatte heute meinen ersten Arbeitstag als Servicekraft in einem Restaurant. Leider ist mir ein Teller mit Suppe heruntergefallen und mein Rock wurde beschmutzt. Muss ich die Reinigung selbst bezahlen?

12

12 ○ a ○ b ○ c ○ d ○ e ○ f ○ x 12

Hylia
Heute Morgen habe ich meine Banklehre begonnen und war ordentlich mit einem grünen Rock und einer roten Bluse gekleidet. Meine Kollegen meinten aber, ich solle lieber gedeckte Farben tragen. Kann man mir vorschreiben, was ich in der Bank anziehen soll?

13

13 ○ a ○ b ○ c ○ d ○ e ○ f ○ x 13

Araskh
Hallo, ich habe mir für die Arbeit Ohrenschützer in einem Fachgeschäft gekauft. Sie sind zwar nicht vorgeschrieben, aber ich möchte mich zusätzlich schützen. Muss in dem Fall mein Arbeitgeber die Rechnung bezahlen?

Rund um den Beruf

a

Vahid, vor 15 Minuten

Wenn du deine Arbeitskleidung von deinem Arbeitgeber gestellt bekommst, musst du normalerweise trotzdem selbst für die Reinigung sorgen und bezahlen. Schau aber mal in deinem Vertrag. Vielleicht steht da eine andere Regelung drin. Manche Unternehmen bezahlen auch eine Pauschale für die Instandhaltung der Berufskleidung.

b

Heinz, vor 20 Minuten

Grundsätzlich darf dir dein Arbeitgeber nicht nur zu Arbeitsinhalten Anweisungen geben. Er darf auch Regeln für die Bekleidung der Mitarbeiter aufstellen. Das dient dem einheitlichen Erscheinungsbild nach außen und sollte im Arbeitsvertrag geregelt sein. Dem hast du mit deiner Unterschrift unter dem Vertrag zugestimmt und musst dich daran halten.

c

Mirijam, vor 37 Minuten

Der Arbeitgeber kann den Angestellten einheitliche Berufskleidung zur Verfügung stellen, die dann auch getragen werden muss. So stellt er sicher, dass alle gleich angezogen sind und vom Kunden direkt als Mitarbeiter des Unternehmens erkannt werden. Über die Schuhe darf der Arbeitgeber allerdings nicht bestimmen, sie sollten aber zum Outfit passen.

d

Aleksandru, vor 50 Minuten

Wenn du die Kleidung ausschließlich bei der Arbeit anziehst, kannst du die Kosten für den Kauf als Werbungskosten bei der Steuer angeben. Dafür musst du die Kaufbelege beim Finanzamt einreichen. Wenn du die Klamotten auch in der Freizeit trägst, ist es steuerlich nicht relevant.

e

Carla, vor einer Stunde

Wenn in deinem Vertrag eine Schutzausrüstung vorgeschrieben ist, musst du sie auch tragen, egal, ob du das selbst für notwendig hältst oder nicht. Wenn du gegen diese Pflicht mehrmals verstößt, kann das sogar eine Kündigung zur Folge haben.

f

Mattia, gestern

Berufskleidung, die vom Arbeitgeber gestellt wird, darf auch wirklich nur bei der Arbeit getragen werden. Manche Arbeitgeber verlangen sogar, dass man sich erst auf der Arbeit umzieht, um die Kleidung nicht auf dem Weg tragen zu müssen. Solche Vorschriften sind zulässig und müssen eingehalten werden.

Lesen Teil 4

Lesen Sie das Protokoll und die Aufgaben 14–18. Welche Antwort (a, b oder c) passt am besten? Markieren Sie Ihre Lösungen auf dem Antwortbogen.

Protokoll
25. Juni 20XX, 10 bis 12:30 Uhr
Firma Wicker, Hauptgebäude, kleiner Konferenzraum 6b

Anwesende:
Gunter Knecht (GK, Verwaltung), Soraya Loubani (SL, Marketing), Traugott Maier (TM, Personal)
Martin Kirchner (MK, Finanzen), Osman Wazir (OW, Betriebsrat)
Sitzungsleitung: Soraya Loubani
Protokollführung: Traugott Maier

Tagesordnungspunkte
1 Begrüßung und Genehmigung des letzten Protokolls
2 Stand Neubau Lagerhalle
3 Überstunden
4 Organisation Betriebsfeier
5 Pünktlichkeit der Azubis
6 Sonstiges

TOP 1 Begrüßung und Genehmigung des letzten Protokolls
SL begrüßt die Anwesenden zu der Sitzung und bittet um Genehmigung des letzten Protokolls. Dieses wird ohne Änderungswünsche einstimmig angenommen.

TOP 2 Stand Neubau Lagerhalle
GK teilt mit, dass der Baubeginn der neuen Lagerhalle unmittelbar bevorsteht. Diese wird dringend benötigt, da das bisherige Lager zu klein geworden ist. Sobald die neue Halle bezogen werden kann, wird die alte zu einer zweiten Werkstatt umfunktioniert. In ca. einer Woche beginnen die Bagger- und Bauarbeiten. Dies bedeutet viel Lärm, der sich leider nicht vermeiden lässt, aber maximal vier Wochen dauern wird. Insgesamt wird der Neubau der Halle wahrscheinlich sechs Monate dauern. Ein Teil der Bauzeit fällt also in die Urlaubszeit, sodass die Kolleg*innen dadurch möglichst wenig beeinträchtigt werden.

TOP 3 Überstunden
TM berichtet, dass im ersten halben Jahr in allen Abteilungen sehr viele Überstunden geleistet wurden. Diese Überstunden sollten auf jeden Fall bis zum 31.12. ausgeglichen sein. TM bittet daher die Abteilungsleiter bis Ende des Sommers um eine Prognose, ob dies möglich sein wird. Wenn dies nicht möglich ist, weil es zu viele Aufträge gibt, könnten die Überstunden ausnahmsweise ausbezahlt werden. Die langfristige Lösung ist, die Anzahl der Angestellten zu erhöhen, damit in Zukunft nicht so viele Überstunden anfallen.

TOP 4 Organisation Betriebsfeier
SL und MK teilen mit, dass die Betriebsfeier am 10. Juli aufgrund der Bauarbeiten dieses Jahr nicht auf dem Firmengelände stattfindet. Das Planungsteam hat in der Gaststätte „Neckarblick" die Terrasse gebucht. Für den Fall, dass das Wetter nicht mitspielt, ist auch der Raum mit den

großen Glasfenstern und Blick auf den Fluss reserviert. Beim Buffet werden internationale wie auch vegetarische Speisen angeboten. Für die Unterhaltung sorgen wie immer die Kollegen Kraus und Kämpfer von der Technik mit ihrer Band. Auch dieses Jahr sollen wieder langjährige Mitarbeiter*innen geehrt werden.

TOP 5 Pünktlichkeit der Azubis
TM berichtet, dass sich die Abteilungsleiter darüber beschweren, dass einige Azubis an den Tagen mit Berufsschule regelmäßig entweder zu spät oder gar nicht im Betrieb erscheinen. Sie wurden bereits darauf angesprochen und begründen dies damit, dass der Bus häufig Verspätung habe oder sogar ausfalle. Eine andere Möglichkeit, zur Firma zu kommen, hätten sie nicht.
TM erinnert daran, dass vor einigen Jahren das gleiche Problem bestand. Es konnte dadurch gelöst werden, dass die Abholung durch den betriebseigenen Kleinbus erfolgte. Er schlägt vor, dass der Firmenbus wieder dafür eingesetzt wird, die Azubis zweimal pro Woche an der Berufsschule abzuholen. Er sagt zu, sich zu informieren, inwiefern der Bus derzeit zur Verfügung steht. Außerdem wird er sich darum bemühen, einen Fahrer zu organisieren.

TOP 6 Sonstiges
GK bittet im Namen der Geschäftsführung darum, dass alle Abteilungsleiter ihre Teams noch einmal darauf aufmerksam machen, dass es rechts neben der Eingangstür zum Bürogebäude eine Raucherzone gibt, wo geraucht werden kann. Die Zigarettenreste sollten in den Aschenbechern entsorgt werden. Leider werden in letzter Zeit immer wieder Zigarettenkippen direkt vor der Eingangstür auf dem Boden ausgetreten und liegen gelassen, was nicht repräsentativ aussieht.

14 Die neue Lagerhalle

- **a** ist voraussichtlich in sechs Monaten fertig.
- **b** soll als weitere Werkstatt genutzt werden.
- **c** wird innerhalb von vier Wochen gebaut.

14 ○ a ○ b ○ c **14**

15 Die bis jetzt angefallenen Überstunden

- **a** müssen spätestens im Sommer ausgeglichen werden.
- **b** sollten bis zum Jahresende abgebaut werden.
- **c** werden normalerweise ausgezahlt.

15 ○ a ○ b ○ c **15**

16 Die Betriebsfeier

- **a** kann dieses Jahr wegen der Baumaßnahmen nicht stattfinden.
- **b** ist auf dem Betriebsgelände geplant.
- **c** wird in ein Restaurant verlegt.

16 ○ a ○ b ○ c **16**

17 Die Azubis

- **a** haben Probleme mit den öffentlichen Verkehrsmitteln.
- **b** kommen oft zu spät zur Berufsschule.
- **c** werden jeden Morgen vom Firmenbus abgeholt.

17 ○ a ○ b ○ c **17**

18 Die Raucherinnen und Raucher sollen

- **a** die Kippen in die Aschenbecher werfen.
- **b** nicht auf dem Gelände rauchen.
- **c** vor der Eingangstür stehen bleiben.

18 ○ a ○ b ○ c **18**

Lesen und Schreiben

Ihre Teamleitung leitet Ihnen die E-Mail von einer Kundin weiter und bittet Sie zu antworten.

Erhalten: heute, 16:15 Uhr
Von: frieda.blume@frisoerbedarf.de
An: info@frisoerbedarf.de

Betreff: Fwd: Falsche Lieferung

Hallo,

ich leite dir eine E-Mail vom Frisörsalon Schnell weiter. Frau Schnell ist zurecht verärgert, weil ihre Lieferung wieder nicht in Ordnung war.
Bitte beantworte das Schreiben. Entschuldige dich und sag Frau Schnell die umgehende Zusendung der richtigen Produkte zu. Versichere ihr, dass du dich sofort um die Bestellung kümmerst. Überlege dir bitte, was wir der Kundin als Entschuldigung anbieten können, und teile ihr das mit.

Vielen Dank und Gruß
Frieda

Erhalten: Donnerstag, 15:43 Uhr
Von: M.Schnell@frisurenschnell.de
An: frieda.blume@frisoerbedarf.de

Betreff: Falsche Lieferung

Sehr geehrte Frau Blume,

leider ist bei unserer Bestellung vergangene Woche wieder etwas schiefgegangen. Zwar kam die Lieferung diesmal pünktlich bei uns an, aber sie war falsch bzw. unvollständig: Statt des bestellten Shampoos „Haaraktiv" haben wir eine Haarspülung bekommen. Außerdem hatten wir jeweils 15 Packungen der Haarfarben Nr. 21 und 23 von „Goldlocke" bestellt. Diese waren leider gar nicht in der Lieferung enthalten.

Ich bitte Sie, uns die richtigen Produkte umgehend zukommen zu lassen. Sollte die bestellte Ware nicht morgen bei uns eintreffen, werden wir uns einen anderen Großhändler suchen. Das würden wir sehr bedauern, da wir bis vor Kurzem immer mit der Lieferung und der Qualität Ihrer Produkte zufrieden waren.

Bitte bestätigen Sie den Eingang dieses Schreibens und den Liefertermin schriftlich. Vielen Dank!

Mit freundlichen Grüßen
Margarete Schnell

Lesen und Schreiben

Welche Lösung (a, b oder c) passt am besten? Markieren Sie auf dem Antwortbogen.

19 Frau Schnell

- **a** erwartet die korrekte Ware am folgenden Tag.
- **b** hat noch keine Lieferung erhalten.
- **c** hat zum ersten Mal bei Frieda Blume bestellt.

19 ○ a ○ b ○ c **19**

20 Einige der bestellten Produkte

- **a** entsprechen nicht der gewohnten Qualität.
- **b** waren nicht in der Lieferung enthalten.
- **c** wurden zu spät geliefert.

20 ○ a ○ b ○ c **20**

21 Schreiben Sie eine E-Mail an die Kundin. Setzen Sie dabei alle Punkte Ihrer Teamleitung um. Achten Sie darauf, dass Sie der Kundin gegenüber eine angemessene Sprache verwenden (Anrede, Höflichkeit, formelle Sprache etc.).

Schreiben Sie direkt auf den Antwortbogen, Seite 5.

Deutsch-Test für den Beruf B2/C1

21 Lesen und Schreiben

Nur für Bewerterinnen und Bewerter!

21 Lesen und Schreiben

Inhaltliche Angemessenheit

Bewertung 1	Bewertung 2	Bewertung 3
I. Kom. Aufgabenbewältigung A B C D	I. Kom. Aufgabenbewältigung A B C D	I. Kom. Aufgabenbewältigung A B C D
Thema verfehlt? ja nein	Thema verfehlt? ja nein	Thema verfehlt? ja nein

3113561000

Platz für Notizen

Hören Teil 1

38 Sie hören drei Gespräche. Zu jedem Gespräch gibt es zwei Aufgaben. Ist die Aussage dazu richtig oder falsch und welche Antwort (a, b oder c) passt am besten? Markieren Sie Ihre Lösungen für die Aufgaben 22–27 auf dem Antwortbogen. Sie hören die Gespräche **einmal.**

22 Frau Dallapiazza und Herr Straka arbeiten beide im Lager.
richtig/falsch?

22 ○ richtig ○ falsch 22

23 Es ist nicht erlaubt,

a das private Handy mit ins Lager zu nehmen.
b die Firma in der Pause zu verlassen.
c eigene Speisen in den Kühlschrank zu stellen.

23 ○ a ○ b ○ c 23

24 Die Kollegen planen, eine Dienstreise nach München zu machen.
richtig/falsch?

24 ○ richtig ○ falsch 24

25 Max und Stefan

a benutzen einen Dienstwagen.
b kaufen in Hamburg Sportartikel ein.
c stellen Neuheiten bei Kunden vor.

25 ○ a ○ b ○ c 25

26 Herr Dolde sucht Ersatz für ein defektes Fahrzeug.
richtig/falsch?

26 ○ richtig ○ falsch 26

27 Frau Siemers

a hat nur zu große Fahrzeuge.
b macht Herrn Dolde ein Angebot.
c reserviert den Bus für zwei Tage.

27 ○ a ○ b ○ c 27

Hören Teil 2

39 Sie hören vier Gespräche. Welcher der Sätze a–f passt am besten zu welchem Gespräch?
Markieren Sie Ihre Lösungen für die Aufgaben 28–31 auf dem Antwortbogen.
Lesen Sie jetzt die Sätze a–f. Dazu haben Sie eine Minute Zeit. Danach hören Sie die Gespräche **einmal.**

28 ... 28 ○ a ○ b ○ c ○ d ○ e ○ f 28
29 ... 29 ○ a ○ b ○ c ○ d ○ e ○ f 29
30 ... 30 ○ a ○ b ○ c ○ d ○ e ○ f 30
31 ... 31 ○ a ○ b ○ c ○ d ○ e ○ f 31

a Es ist verboten, bei der Arbeit privat zu telefonieren.
b Gemeinsam in einem Büro zu arbeiten, stärkt das Zusammengehörigkeitsgefühl.
c Im Einzelbüro muss man sich nicht mit Kolleginnen und Kollegen abstimmen.
d In einem großen Büro, wo viele Leute zusammenarbeiten, gibt es störenden Lärm.
e In kleinen Büros muss man nicht so viel heizen.
f Wenn mehrere Personen sich ein Büro teilen, stören Privatgespräche.

Hören Teil 3

Sie hören gleich eine Präsentation. Dazu gibt es vier Aufgaben. Welche Lösung (a, b oder c) passt jeweils am besten? 40
Markieren Sie Ihre Lösungen für die Aufgaben 32–35 auf dem Antwortbogen.
Lesen Sie jetzt die Aufgaben. Dazu haben Sie eine Minute Zeit.
Danach hören Sie die Präsentation **einmal.**

Produktvorstellung

Beispiel: Der Mann hält die Präsentation vor

- ~~a~~ der gesamten Belegschaft.
- **b** der Geschäftsleitung.
- **c** der Marketingabteilung.

Produkte

32 „Renova" und „Joy" — 32 a b c 32

- **a** haben die gleiche Zielgruppe.
- **b** sind Hautpflegeprodukte.
- **c** sind neue Marken der Firma.

Markendesign

33 Die neuen Produkte sind erkennbar an — 33 a b c 33

- **a** dem rot-weißen Logo.
- **b** der grünen Beschriftung.
- **c** einem goldenen Blatt.

Werbung

34 Die Werbung — 34 a b c 34

- **a** enthält die bisher bekannte Werbemusik.
- **b** läuft zuerst bei privaten Radiosendern.
- **c** spricht die Kundinnen und Kunden mit „Du" an.

Verkauf

35 Die Firma wird die neuen Produkte — 35 a b c 35

- **a** ausschließlich über den eigenen Webshop verkaufen.
- **b** nicht nur in den eigenen Läden verkaufen.
- **c** zuerst in München und Hamburg verkaufen.

Hören Teil 4

41

Sie hören fünf telefonische Mitteilungen. Zu jeder Mitteilung gibt es eine Aufgabe.
Welche Lösung (a, b oder c) passt am besten? Markieren Sie Ihre Lösungen für die Aufgaben 36–40 auf dem Antwortbogen.
Sie hören jede Mitteilung **einmal.**

36 Joachim

- **a** hat das Seminar bereits bezahlt.
- **b** sucht jemanden, der mit zu der Veranstaltung geht.
- **c** wird am Wochenende eine Fortbildung besuchen.

36 ○ a ○ b ○ c 36

37 Klaus Scholz

- **a** hat um 14:30 Uhr mit Herrn Kaiser einen Termin.
- **b** konnte nicht persönlich mit Herrn Kaiser sprechen.
- **c** schickt Herrn Kaiser Menüvorschläge.

37 ○ a ○ b ○ c 37

38 Lars

- **a** ist für einen Kollegen eingesprungen.
- **b** kennt die Patientin schon lange.
- **c** wartet auf den nächsten Patienten.

38 ○ a ○ b ○ c 38

39 Frank Wallner

- **a** bittet den Chef um Unterstützung.
- **b** braucht das richtige Holz kommende Woche.
- **c** möchte seine Terrasse fertigstellen.

39 ○ a ○ b ○ c 39

40 Die Heizungsanlage

- **a** funktioniert im ganzen Haus nicht.
- **b** soll ausgetauscht werden.
- **c** wurde bereits überprüft.

40 ○ a ○ b ○ c 40

Hören und Schreiben

Sie hören eine telefonische Mitteilung. Informieren Sie Ihre Kollegin. Notieren Sie die Informationen auf dem Antwortbogen. 42
Sie hören die Mitteilung **einmal.**

41 Grund für den Anruf

Wählen Sie die richtige Lösung (a, b oder c). Markieren Sie auf dem Antwortbogen.

a Angebot
b Bestellung / Buchung
c Beschwerde

42–45 Notizen schreiben

Schreiben Sie Name, Telefonnummer, weitere Informationen und tragen Sie im Feld „zu erledigen“ ein, was zu erledigen ist.

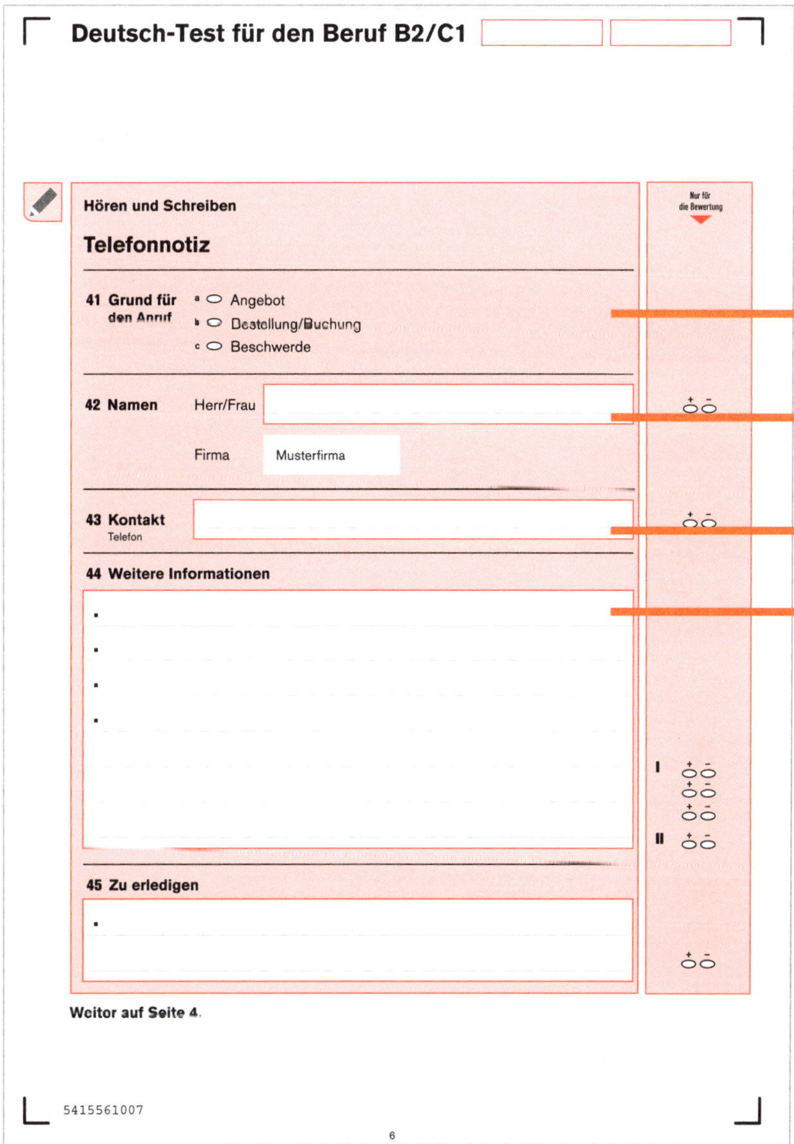
Deutsch-Test für den Beruf B2/C1

Hören und Schreiben

Telefonnotiz

Nur für die Bewertung

41 Grund für den Anruf a ○ Angebot b ○ Bestellung/Buchung c ○ Beschwerde

42 Namen Herr/Frau
Firma Musterfirma

43 Kontakt Telefon

44 Weitere Informationen
•
•
•
•

I
II

45 Zu erledigen
•

Weiter auf Seite 4.

5415561007

6

Notieren Sie direkt auf dem Antwortbogen, Seite 6.

Sprachbausteine Teil 1

Lesen Sie den folgenden Text. Welche Wörter a–j passen am besten in die Lücken 46–51?
Sie können jedes Wort im Kasten nur einmal verwenden. Nicht alle Wörter passen in den Text.
Markieren Sie Ihre Lösungen auf dem Antwortbogen.

Betreff: Aufnahme eines Fernstudiums

Sehr geehrte Frau Schneider,

wie Sie wissen, möchte ich mich gern im Bereich Finanzen weiterbilden. Es gibt einen Fernstudiengang mit Präsenzanteil, an dem ich ____**46**____ meiner Arbeitszeiten bei der Firma Krüger Bürofachhandel teilnehmen könnte.
Das Studium würde ____**47**____ acht und zehn Stunden pro Woche abends und am Wochenende in Anspruch nehmen und nicht mit meiner Arbeit hier im Unternehmen kollidieren. Nur einmal im Monat gibt es freitags einen Präsenztermin, ____**48**____ müsste ich an diesen Tagen um 16 Uhr statt um 17 Uhr Feierabend machen. Ich habe bereits mit dem Chef meiner Abteilung, Herrn Siemers, ____**49**____ gesprochen. Seine Zustimmung per Mail liegt Ihnen bereits vor.

Ich bitte Sie hiermit ____**50**____ die schriftliche Erlaubnis, dieses Studium aufzunehmen.
Sollten Sie Fragen ____**51**____ haben, stehe ich Ihnen jederzeit gern zur Verfügung.

Im Voraus herzlichen Dank für Ihre Unterstützung!

Mit freundlichen Grüßen
Greta Holler

a AUSSERHALB	**e** FÜR	**i** ZWISCHEN
b DARÜBER	**f** TROTZDEM	**j** ZWISCHENZEITLICH
c DAZU	**g** UM	
d DESHALB	**h** VON	

46	a	b	c	d	e	f	g	h	i	j	**46**
47	a	b	c	d	e	f	g	h	i	j	**47**
48	a	b	c	d	e	f	g	h	i	j	**48**
49	a	b	c	d	e	f	g	h	i	j	**49**
50	a	b	c	d	e	f	g	h	i	j	**50**
51	a	b	c	d	e	f	g	h	i	j	**51**

Sprachbausteine Teil 2

Lesen Sie den folgenden Text. Welcher Ausdruck (a, b oder c) passt am besten in die Lücken 52–57? Markieren Sie Ihre Lösungen auf dem Antwortbogen.

Betreff: Anfrage für Catering

Sehr geehrte Damen und Herren,

wir sind in der Zeitschrift „Gourmet" auf Ihre ____**52**____. Wir planen gerade unser Firmenjubiläum am 04.04. 20XX und sind ____**53**____ einem Caterer für ein Buffet für ca. 270 Personen. Wir stellen uns internationale Gerichte vor, ein Teil unserer Gäste kommt aus Asien. Haben Sie spezielle Menüvorschläge (gern auch mit vegetarischen Speisen)? Außerdem bitten wir um ____**54**____ Ihrem Weinangebot.
____**55**____ Sie auch auf folgende gesundheitliche Einschränkungen einiger Gäste hinzuweisen: Nussallergie, Laktoseintoleranz und Glutenunverträglichkeit. Können Sie einige Gerichte entsprechend zubereiten und auszeichnen?
Wir würden gern innerhalb der nächsten zehn Tage einen Termin für ein Probeessen vereinbaren und ____**56**____ Ihr Angebot inklusive aller Preise besprechen. Für Rückfragen stehen wir Ihnen selbstverständlich jederzeit gern ____**57**____.

Mit freundlichen Grüßen
Imke Hansen

52 **a** Anzeige aufmerksam geworden
b Inserat gefunden
c Werbung getroffen

52 ○ a ○ b ○ c 52

53 **a** auf dem Weg zu
b auf der Suche nach
c in der Gegend von

53 ○ a ○ b ○ c 53

54 **a** detaillierte Informationen zu
b genaue Erklärungen von
c umgehende Mitteilung von

54 ○ a ○ b ○ c 54

55 **a** Es ist uns wichtig,
b Wir bedauern sehr,
c Wir schlagen vor,

55 ○ a ○ b ○ c 55

56 **a** ab diesem Zeitpunkt
b bei dieser Gelegenheit
c in diesem Fall

56 ○ a ○ b ○ c 56

57 **a** an der Seite
b auf der Stelle
c zur Verfügung

57 ○ a ○ b ○ c 57

Schreiben

58 Wählen Sie eines der folgenden Themen.
In Ihrer Firma können sich alle Mitarbeiterinnen und Mitarbeiter in einem Forum miteinander über Neuigkeiten austauschen. Schreiben Sie einen Forumsbeitrag zu Thema A oder B.
Begründen Sie Ihre Meinung und nennen Sie passende Beispiele. Gliedern Sie den Text in sinnvolle Abschnitte.

Thema A: „Freizeitausgleich statt Bezahlung von Überstunden"

Die Mitarbeiterinnen und Mitarbeiter der Firma machen im Dezember viele Überstunden. Sie können sie ab sofort nur als Freizeit ausgleichen. Die Auszahlung von Überstunden ist nicht mehr erlaubt.

oder

Thema B: „Essensgebühr"

In der Firma soll eine Kantine eingerichtet werden. Allen Mitarbeiterinnen und Mitarbeitern werden pro Arbeitstag vier Euro vom Gehalt dafür abgezogen. Dafür sind alle Mahlzeiten dort kostenlos.

Schreiben Sie direkt auf den Antwortbogen, Seite 7.

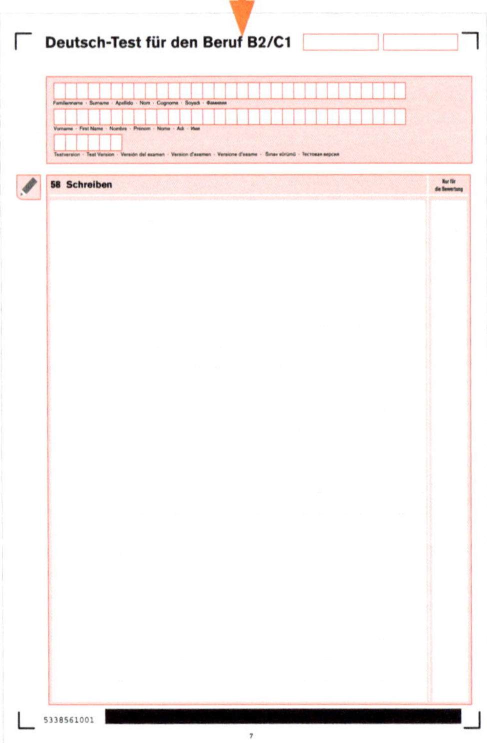
Deutsch-Test für den Beruf B2/C1

58 Schreiben

5338561001

7

Platz für Notizen

Mündliche Prüfung

Teilnehmer/in A und B

Teil 1A Über ein Thema sprechen (ca. 2 Minuten pro TN)

Wählen Sie ein Thema aus und sprechen Sie ca. zwei Minuten darüber. Zeigen Sie, was Sie können.

Den Teilnehmern werden jeweils zwei der folgenden acht Themen angeboten:

1. Beschreiben Sie **einen Arbeitgeber,** für den Sie gearbeitet haben oder arbeiten möchten (z. B. Branche, Produkte und Dienstleistungen, Abteilungen und Ihre Aufgaben, Besonderheiten).

2. Beschreiben Sie, wie Sie sich ein **gutes Arbeitsumfeld** vorstellen (z. B. Jobsicherheit, Lohn/Gehalt, Karrierechancen, Kommunikation in der Firma, Beispiele aus Ihrer Berufserfahrung).

3. Beschreiben Sie **Ereignisse und Erfahrungen,** die Ihre **Berufswahl** beeinflusst haben (z. B. Stationen, wichtige Personen, Motivation, Folgen).

4. Beschreiben Sie **eine Person** aus Ihrem Umfeld, die für Sie ein **berufliches Vorbild** ist (z. B. Beziehung zu dieser Person, Eigenschaften, Einfluss auf Sie).

5. Beschreiben Sie das **Vorgehen bei der Arbeitssuche** für ein Land Ihrer Wahl (z. B. Angebote finden, Erstkontakt, Bewerbungsunterlagen oder -gespräch).

6. Beschreiben Sie, worauf es bei einem **Bewerbungsgespräch** ankommt. Sprechen Sie über ein Land Ihrer Wahl (z. B. Berufsfeld, Vorbereitung, Kleidung, typische Fragen).

7. Beschreiben Sie **ein Produkt/eine Dienstleistung** Ihrer Wahl (z. B. Merkmale, Nutzen für Kunden, Vor- und Nachteile, Erfolg).

8. Sie möchten sich **selbstständig** machen. Beschreiben Sie Ihre **Geschäftsidee** (z. B. welches Produkt/welche Dienstleistung, Besonderheiten, Zielgruppe).

Teil 1B Prüferfragen (ca. 2 Minuten pro TN)

Im Anschluss an Ihre Ausführungen stellt Ihnen die Prüferin bzw. der Prüfer Fragen. Während Sie sprechen, macht sich Ihre Gesprächspartnerin bzw. Ihr Gesprächspartner Notizen.

Teil 1C Erläuterung eines Aspekts (ca. ½ Minute pro TN)

Die zweite Prüferin/der zweite Prüfer bittet Ihre Gesprächspartnerin bzw. Ihren Gesprächspartner, einen Aspekt aus Ihren Antworten zu erläutern. Zum Beispiel mit diesen Worten: „TN A/B hat über … gesprochen. Das habe ich leider nicht ganz verstanden. Können Sie mir das noch einmal erläutern?"

Teilnehmer/in A und B

Teil 2 Mit Kolleginnen und Kollegen sprechen (ca. 3 Minuten)

Ich arbeite manchmal ganz gerne am Wochenende.
Und du?

1

Unternimmst du gerne in der Freizeit etwas mit
den Kollegen?

2

Teilnehmer/in A und B

Teil 3 Lösungswege diskutieren (ca. 4 Minuten)

Situation

Heute Abend findet in Ihrem Restaurant eine Veranstaltung für 40 Personen statt. Die Menükarten sind gedruckt, aber Ihr Lieferant hat Ihnen Lammfleisch statt Rindfleisch geliefert. Sie können nicht das vorgesehene Menü vorbereiten.

Aufgabe

Überlegen Sie zusammen mit Ihrer Gesprächspartnerin oder Ihrem Gesprächspartner, wie Sie in dieser Situation angemessen reagieren.

Diese Stichpunkte helfen Ihnen:

Falsch gelieferte Ware: was tun?

Kunden:
wie kontaktieren? was anbieten?

Lieferant:
wie kontaktieren? was fordern?

Langfristig:
neuer Lieferant? Vertrag kündigen?

...?

Lesen Teil 1

So geht's

Üben Sie das Ausfüllen des Antwortbogens.

Sie lesen online in einer Wirtschaftszeitung und möchten Ihren Freunden einige Artikel schicken. Entscheiden Sie, welcher Artikel a–h zu welcher Person 1–5 passt.

1 Carola braucht Orientierung bei der Berufswahl.

2 Mariana hat ein Zertifikat als Erzieherin aus Rumänien.

3 Mayada ist kreativ und hat Spaß an schöner Kleidung.

4 Oliver fotografiert gern und möchte damit Geld verdienen.

5 Philip ist noch Azubi und möchte Französisch lernen.

a Gleichwertigkeit

Wer einen Berufsabschluss in seinem Heimatland erworben hat, hat einen Rechtsanspruch auf Überprüfung der Gleichwertigkeit dieses Abschlusses mit dem entsprechenden Berufsabschluss in Deutschland. In unserem Anerkennungsportal finden Sie weitere Informationen.

mehr ...

b Perfekter Auftritt

Bei deiner Bewerbung kommt es auch auf das Äußere an. Schon auf dem Foto präsentierst du dich bestmöglich und beim Vorstellungsgespräch möchtest du mit deinem Outfit überzeugen. Unsere Modeexpertin gibt Tipps für die passende Kleidung.

mehr ...

c Ab ins Ausland!

Nicht nur für Studierende, sondern auch für Auszubildende bietet das ERASMUS Programm die Möglichkeit, Auslandserfahrung zu sammeln, z. B. in Form von europaweiten Praktika und Sprachkursen. Hier berichten drei Lehrlinge von ihren Erfahrungen.

mehr ...

d Mode bietet Berufschancen

Du arbeitest gern mit Stoffen, hast ein Gespür für Trends und suchst eine neue Herausforderung? In der Modebranche gibt es zahlreiche Möglichkeiten für ausgebildete Mitarbeitende mit Erfahrung, ihr Talent im Design oder im Verkauf einzubringen. Hier kannst du dich ausführlich informieren.

mehr ...

e Neustart wagen

Der in jungen Jahren gewählte Beruf machte Brigitte Körner (45) irgendwann keinen Spaß mehr. Sie berichtet in ihrem Buch „Alles auf Anfang", wie sie nach 20 Jahren Bürotätigkeit ganz von vorne angefangen und sich ihren Traum von einer eigenen Tauchschule in Neuseeland erfüllt hat.

mehr ...

f Der Interessencheck

Auf www.keinplan.com findest du heraus, welcher Beruf zu dir passt. Du ermittelst deine Talente und beruflichen Interessen und erkennst dabei, was dir Spaß macht und was du gut kannst. Zusätzlich zum Testergebnis bekommst du eine Liste mit Ausbildungsplätzen in deiner Region.

mehr ...

g Karriere im Handwerk

Nach der erfolgreichen Ausbildung und dem Sammeln einiger Erfahrung bietet sich der Erwerb des Meistertitels an. Auf die vier erforderlichen Prüfungsteile kann man sich an Meisterschulen oder Bildungseinrichtungen der Handwerkskammern vorbereiten. Lesen Sie hier weitere Informationen zu Anmeldung, Inhalten und Abläufen.

mehr ...

h Vom Hobby zum Beruf

Andrea Weiler liebt den Umgang mit der Kamera und die ästhetische Darstellung der Produkte ihrer Kunden, egal ob Speisen oder die neuste Mode. Lesen Sie, wie aus einer Leidenschaft durch eine fundierte Ausbildung ihr Beruf geworden ist.

mehr ...

Lesen Teil 2

Lesen Sie die Texte und die Aufgaben 6–9. Ist die Aussage dazu richtig oder falsch und welche Antwort (a, b oder c) passt am besten?
Markieren Sie Ihre Lösungen auf dem Antwortbogen.

Text 1

Willkommensmappe für neue Mitarbeiterinnen und Mitarbeiter

Kennenlerntage der neuen Azubis

Wir begrüßen euch bei „Auto Dengler" und wünschen euch einen guten Ausbildungsstart!

Heute machen wir einen Rundgang durch die Firma und ihr lernt eure Ansprechpartner, Ausbilder und die anderen Azubis kennen. Gemeinsam nehmen wir im Anschluss auf dem Ausstellungsgelände ein Gruppenbild zur Erinnerung an euren Ausbildungsbeginn auf.

Danach folgt eine Präsentation unseres Familienunternehmens. Wir zeigen seine Entwicklung von der kleinen Werkstatt zum größten Autohaus und Servicezentrum der Region, unsere Vertriebswege im In- und Ausland und die Marken, die wir exklusiv vertreten.

Morgen startet ihr bereits in den Abteilungen, in denen ihr während eurer jeweiligen Ausbildung eingesetzt werdet: Rechnungswesen, Kundenservice, Verkauf, Lager und Logistik sowie technischer Service. Eure Ausbilder weisen euch in die Arbeitsabläufe ein.

Übermorgen teilen wir euch den Zeitplan für das erste Ausbildungshalbjahr inklusive der Berufsschulzeiten mit. Am Ende der Kennenlerntage stehen eine Schulung in Arbeitssicherheit und eine Einführung in die Firmensoftware auf dem Programm.

6 Am ersten Tag wird ein Foto von den Azubis gemacht.
richtig/falsch?

7 Die Azubis sollen
- **a** am dritten Tag in die Berufsschule gehen.
- **b** in allen Abteilungen arbeiten.
- **c** wichtige Vertriebsstrukturen kennenlernen.

Text 2

Willkommensmappe für neue Mitarbeiterinnen und Mitarbeiter

Arbeitszeit

Vollzeitbeschäftigte unseres Unternehmens arbeiten 38,5 Stunden pro Woche. Teilzeitbeschäftigungen sind zwischen 6 und 30 Stunden pro Woche möglich.

Jeder Mitarbeiter hat Anspruch auf mindestens 25 Urlaubstage pro Jahr. Die Anzahl erhöht sich mit längerer Dienstzugehörigkeit und steigendem Alter auf bis zu 30 Tage pro Jahr. Sie sind angehalten, einmal pro Jahr mindestens 10 aufeinanderfolgende Arbeitstage zu nehmen.

Ihren Urlaubswunsch für das folgende Jahr geben Sie bis spätestens 30.09. des laufenden Jahres auf dem dafür vorgesehenen Formular bei Ihrem Vorgesetzten an. Er genehmigt ihn im Laufe des Folgemonats.

Am 24. und am 31. Dezember ist das Unternehmen geschlossen. Alle Angestellten haben frei und die beiden Tage werden als ein Arbeitstag auf den Urlaubsanspruch angerechnet. Auch in der Probezeit kann Urlaub genommen werden. Gemäß dem gültigen Tarifvertrag steht jedem Mitarbeiter ein jährliches Urlaubsgeld zu. Dieses wird mit der Dezemberabrechnung ausgezahlt.

Im Rahmen unserer Unternehmensrichtlinien begrüßen wir die Weiterbildung unserer Mitarbeiter. Um mehr über unsere vielfältigen internen Angebote zu erfahren, empfehlen wir Ihnen einen Blick in unser Programmheft. Für die Teilnahme an Fortbildungen gewährt Ihnen das Unternehmen pro Jahr fünf freie Tage. Sollten Sie an einer Fortbildung außerhalb der Arbeitszeit teilnehmen, so wird diese Zeit nicht vergütet oder durch Freizeit ausgeglichen. Die Teilnahme an einer Fortbildung während der Arbeitszeit ist genehmigungspflichtig. Das Antragsformular ist in der Personalabteilung erhältlich und muss vom Abteilungsleiter bis spätestens 14 Tage vor Fortbildungsbeginn unterschrieben werden. Der Besuch einer fachbezogenen Fort- oder Weiterbildung kann auch vom Arbeitgeber angeordnet werden. In diesem Fall werden die Kosten in voller Höhe übernommen.

8 Der Urlaub für das nächste Jahr muss bis Ende September eingereicht werden.
richtig/falsch?

9 Der Besuch von Fortbildungen während der Arbeitszeit muss

- **a** fünf Tage vorher beantragt werden.
- **b** mit einem Formular beantragt werden.
- **c** vom Arbeitgeber beantragt werden.

Lesen Teil 3

Lesen Sie die Fragen 10–13. Lesen Sie die Texte a–f. Welche Frage passt zu welchem Tipp? Markieren Sie Ihre Lösungen auf dem Antwortbogen.
Für eine Frage gibt es keinen passenden Tipp. Markieren Sie dafür ein x auf dem Antwortbogen.

10

Nina21
Hallo Leute, meine Mutter ist schwerstkrank mit Pflegestufe 4 und ich möchte sie in den nächsten Monaten selbst zu Hause betreuen und pflegen. Ist dafür eine bezahlte Auszeit bei der Arbeit möglich? Ich arbeite bei einer Finanzbehörde.

11

Mom
Nach der Elternzeit möchte ich wieder meine alte Arbeit im Außendienst aufnehmen. Nun will mein Arbeitgeber mich in ein weit entferntes Gebiet versetzen, weil da eine Stelle frei ist. Das kann ich unmöglich organisieren. Hat er das Recht dazu?

12

Mandy B.
Ich bekomme bald mein Baby und habe noch einen Urlaubsanspruch von 15 Tagen. Ich möchte nach der Geburt Elternzeit nehmen, ich werde zwei Jahre beantragen. Kann ich danach meinen Resturlaub nehmen oder verfällt der Anspruch in der Zwischenzeit?

13

Anita
Habt ihr euren Antrag auf Elternzeit vor oder nach der Geburt des Kindes beim Arbeitgeber abgegeben? Ich weiß, dass alles spätestens eine Woche nach der Geburt dort sein muss. Aber gibt es dafür ein bestimmtes Formular?

Rund um den Beruf

a

Nemo, vor 23 Minuten

Wenn jemand nach der Elternzeit an einem anderen Arbeitsplatz arbeiten soll, so muss der Arbeitgeber vor dieser Versetzung den Betriebsrat in die Entscheidung einbinden. Versetzung bedeutet z. B., dass sich der Arbeitsort wesentlich ändert. Also, sprich mal mit dem Betriebsrat.

b

BestOma, vor 48 Minuten

Wenn dein Kind unter 12 Jahren krank wird und betreut werden muss, dann dürfen sowohl du als auch der Vater für die Betreuung zehn Arbeitstage im Jahr freinehmen – so ist der gesetzliche Anspruch definiert. Alleinerziehende haben Anspruch auf die Gesamtzahl, das heißt 20 Tage.

c

Anonym 123, vor 51 Minuten

Du hast recht, der Antrag muss innerhalb der ersten Woche nach der Geburt vorgelegt werden. Es ist einfach ein formloses Schreiben, das du jetzt schon vorbereiten kannst. Nach der Geburt musst du die fehlenden Daten ergänzen und es deinem Arbeitgeber schicken.

d

Jury, vor 2 Stunden

Obwohl die Pflege von Angehörigen bekanntlich eine enorme Leistung ist und oft viel Kraft und Energie fordert, gibt es für pflegende Angehörige bisher leider keinen Rechtsanspruch auf eine Kur. Wenn ein medizinischer Grund vorliegt, sieht die Sache anders aus.

e

Stormy, vor 5 Stunden

Du kannst von deinem Arbeitgeber eine Freistellung für bis zu sechs Monate kurzfristig beantragen, wenn du die Pflegebedürftigkeit von Familienmitgliedern nachweisen kannst. Allerdings gilt für diese Zeit kein Recht auf Lohnfortzahlung.

f

Emily, vor 6 Stunden

Ich finde, so hast du den Antrag auf Elternzeit korrekt formuliert. Ich würde dir allerdings raten, einfach sicherheitshalber zwei Jahre Elternzeit anzumelden, da du nie weißt, wie es nach einem Jahr mit der Betreuung aussieht.

Lesen Teil 4

Lesen Sie das Protokoll und die Aufgaben 14–18. Welche Antwort (a, b oder c) passt am besten? Markieren Sie Ihre Lösungen auf dem Antwortbogen.

Protokoll
04. März 20XX, 15 bis 16:10 Uhr
Speiseraum der Kantine der Firma „Gallauf-Logistik"

Anwesende:
Svenja Ballauf (SB, Kantinenleitung), Miro Batic (MB, Küchenchef), Alessija Topol (AT, Küchenhilfe), Simon Knoop (SK, Küchenhilfe), Mustafa Tukur (MT, Küchenhilfe), Elin Furch (EF, Reinigungsdienst)
Entschuldigt: Oli Jansen (OJ, Küchenhilfe), Claudia Zeschau (CZ, Küchenhilfe)
Sitzungsleitung: Svenja Ballauf
Protokollführung: Alessija Topol

Tagesordnungspunkte
1 Begrüßung, Genehmigung des Protokolls vom Februar
2 Austausch eines Kühlgeräts
3 Vegane Gerichte
4 Beschwerden
5 Interne Bewirtungsaufträge
6 Sonstiges

TOP 1
SB eröffnet die monatliche Besprechung und begrüßt das Team. Sie verliest das Protokoll der letzten Besprechung vom 1. Februar und fragt nach Wortmeldungen dazu. Da es keine Meldung gibt, bittet sie um Genehmigung. Das Protokoll wird von den Anwesenden einstimmig angenommen.

TOP 2
MB berichtet von den Problemen mit den Kühlgeräten, die in den vergangenen Monaten immer häufiger aufgetreten sind. Es ist zu kurzfristigen Stromausfällen und damit verbunden zu Temperaturschwankungen gekommen. Er erläutert die Vorteile des neuen Gastro-Kühlschranks, den er nach Absprache mit der Geschäftsleitung vor vier Wochen bestellt hat. Dieser hat ein deutlich höheres Volumen und ermöglicht trotzdem Energieeinsparung durch ein automatisches Abtausystem, einen verbrauchsarmen Kompressor sowie eine Türdichtung mit spezieller Hartschaum-Isolierung. Die Anlieferung des neuen Kühlschranks ist für den 6. März geplant. An diesem Tag ist MB im Urlaub, daher wird sich SK um die Annahme des Geräts kümmern. Angeschlossen und montiert wird der Kühlschrank von der Lieferfirma.

TOP 3
SB berichtet von einer steigenden Nachfrage der Mitarbeiter der „Gallauf-Logistik" nach veganen Gerichten. Daher sollen in das Angebot der Kantine zusätzlich zu den täglich angebotenen vegetarischen Speisen auch vegane aufgenommen werden. MB gibt zu bedenken, dass er nicht genug Rezepte und auch wenig Erfahrung in Bezug auf die Zutaten hat. Wenn mehr Ersatz-

produkte gekauft werden sollen, würden Mehrkosten entstehen. SB schlägt dennoch vor, probeweise einmal pro Woche ein einfaches veganes Gericht (z. B. Gemüsepasta, Eintöpfe, Suppen) auf den Speiseplan zu setzen. MB willigt ein, im April einen Testdurchlauf zu starten.

TOP 4
SB informiert, dass sich einige Mitarbeiter der Firma bei ihr beschwert haben, weil sie in der vergangenen Woche viel länger als gewohnt an der Essensausgabe warten mussten. MB erklärt, dass Anfang der Woche zwei Mitarbeiter kurzfristig ausgefallen sind.
Um zukünftig besser vorbereitet sein, will SB Kontakt zum Personaldienstleister Hoffmann aufnehmen. So können im Wiederholungsfall Aushilfskräfte umgehend zur Unterstützung angefordert werden. SB erläutert, dass sie schon seit Längerem versucht, qualifiziertes Küchenpersonal zu finden, dass aber in der gesamten Gastronomiebranche aktuell Arbeitskräftemangel besteht.

TOP 5
SB erwähnt noch, dass Frau Berndt von der Geschäftsleitung äußerst zufrieden mit der Bewirtung der kleinen Feier anlässlich Frau Helmers dreißigjährigem Dienstjubiläum war und sich sehr lobend über das Kantinenteam und die zubereiteten Speisen ausgesprochen hat. Der Personalbedarf für die kommenden Bewirtungsaufträge soll bei der nächsten Teamsitzung abgestimmt werden.

TOP 6
AT meldet einen dringenden Urlaubswunsch für die ersten zwei Maiwochen an, weil ihr Mann eine große Operation hat und sich niemand um ihren Sohn kümmern kann. MT erinnert daran, dass ihm bereits für Mai drei Wochen Urlaub bewilligt wurden. Nach Rücksprache erklärt sich SK bereit, seine geplante Reise zu verschieben, um die Schichten von AT zu übernehmen. SB weist darauf hin, dass die Urlaubsanträge entsprechend geändert und der Personalabteilung vorgelegt werden müssen. Alle anderen Urlaubsanträge bleiben unverändert.
Es gibt keinen weiteren Gesprächsbedarf. Die nächste Teambesprechung wird auf den 4. April terminiert. Die Sitzung wird um 16:10 Uhr beendet.

14 Die Besprechung der Mitarbeiterinnen und Mitarbeiter der Kantine

- **a** findet einmal pro Monat statt.
- **b** ist am Vormittag.
- **c** wird von Svenja Ballauf protokolliert.

15 Der neue Kühlschrank

- **a** ist wesentlich größer als der alte.
- **b** wird in vier Wochen geliefert.
- **c** soll von Simon Knoop installiert werden.

16 Veganes Essen

- **a** möchte der Küchenchef gern anbieten.
- **b** wird ab April jeden Tag angeboten.
- **c** wird von den Mitarbeitern der Firma gewünscht.

17 In der Kantine

- **a** besteht noch Bedarf an Aushilfskräften.
- **b** dauert die Essensausgabe immer zu lange.
- **c** soll nächsten Monat eine Jubiläumsfeier stattfinden.

18 Frau Topol möchte

- **a** die Schichten von Herrn Beringer übernehmen.
- **b** im Mai eine mehrwöchige Reise unternehmen.
- **c** Urlaub aus familiären Gründen beantragen.

Lesen und Schreiben

Ihre Teamleitung leitet Ihnen die E-Mail von einer Kundin weiter und bittet Sie zu antworten.

Erhalten: heute, 11:20 Uhr
Von: Simone Klausner, Teamleitung Kundenservice
An: ...

Betreff: Fw: unvollständige Lieferung

Hallo,

unten stehende Mail habe ich gerade von Frau Mohamad von „Floralu“ erhalten. Bitte melde dich möglichst schnell bei der Kundin zurück, berichte ihr von den Gründen für die Lieferprobleme der Herstellerfirma und wann wir mit einer Lieferung rechnen.

Da sie eine langjährige Kundin von uns ist und wir ihre Situation gut verstehen, könnten wir ihr als Ersatz rote und goldene Töpfe in den gleichen Größen liefern. Biete ihr auch einen großzügigen Rabatt auf diese Bestellung an und versprich ihr die Lieferung Anfang nächster Woche.

Gruß
Simone

Erhalten: heute, 8:30 Uhr
Von: Hiam Mohamad
An: Simone Klausner

Betreff: unvollständige Lieferung

Sehr geehrte Damen und Herren,

für meinen Blumenladen „Floralu“ bestelle ich seit Jahren regelmäßig Blumenübertöpfe und Dekoartikel für das Weihnachtsgeschäft bei Ihnen.

Dieses Mal war die Lieferung der Blumentöpfe mit weihnachtlichen Motiven leider unvollständig. Die Bestellung umfasste 50 große (30 cm) und 60 kleine Töpfe (15 cm), geliefert wurden nur 30 kleine Töpfe. Wir können aus diesem Grund viele unserer Vorbestellungen nicht ausliefern.

Wie Ihnen bekannt ist, hat das Weihnachtsgeschäft begonnen. Daher bin ich auf eine schnelle Lieferung der restlichen Ware dringend angewiesen. Bitte teilen Sie mir ein verlässliches Lieferdatum noch in dieser Woche mit oder schlagen Sie eine alternative Lösung vor.

Mit freundlichen Grüßen

Hiam Mohamad
„Floralu“

Lesen und Schreiben

Welche Lösung (a, b oder c) passt am besten? Markieren Sie auf dem Antwortbogen.

19 Frau Mohamad

- **a** bestellt zum ersten Mal Dekoartikel.
- **b** hat Ware in der falschen Größe erhalten.
- **c** kann ihre Kunden nicht beliefern.

20 Simone bittet darum,

- **a** den Hersteller umgehend zu kontaktieren.
- **b** der Kundin Ermäßigung auf zukünftige Bestellungen zuzusichern.
- **c** eine Ersatzlieferung anzubieten.

21 Schreiben Sie eine E-Mail an die Kundin. Setzen Sie dabei alle Punkte Ihrer Teamleitung um. Achten Sie darauf, dass Sie der Kundin gegenüber eine angemessene Sprache verwenden (Anrede, Höflichkeit, formelle Sprache etc.).

Schreiben Sie direkt auf den Antwortbogen, Seite 5.

Deutsch-Test für den Beruf B2/C1

21 Lesen und Schreiben

Nur für Bewerterinnen und Bewerter!

21 Lesen und Schreiben

Inhaltliche Angemessenheit

Bewertung 1 | Bewertung 2 | Bewertung 3

I. Kom. Aufgabenbewältigung A B C D

Thema verfehlt? ja nein

3113561000

Platz für Notizen

Hören Teil 1

43 Sie hören drei Gespräche. Zu jedem Gespräch gibt es zwei Aufgaben. Ist die Aussage dazu richtig oder falsch und welche Antwort (a, b oder c) passt am besten? Markieren Sie Ihre Lösungen für die Aufgaben 22–27 auf dem Antwortbogen. Sie hören die Gespräche **einmal.**

22 Frau Ivanova empfängt einen Hotelgast.
richtig/falsch?

23 Herr Pawelski wird
- **a** in den ersten Tagen an der Rezeption arbeiten.
- **b** zwei Tage lang beim Zimmerservice helfen.
- **c** zwei Wochen im Restaurant beschäftigt.

24 In der Sportabteilung wird der Dienstplan der nächsten Woche geändert.
richtig/falsch?

25 Mathilda
- **a** kann in der nächsten Woche nicht arbeiten.
- **b** muss mit Rafael die Spätschicht ab Montag übernehmen.
- **c** schlägt eine Kollegin für den Samstagsdienst vor.

26 Herr Färber beschwert sich über die schwache Kühlleistung der neuen Geräte.
richtig/falsch?

27 Die Mitarbeiterin des Kundenservice
- **a** hört häufig Beschwerden wegen der Lautstärke.
- **b** schickt am Nachmittag einen Mitarbeiter.
- **c** vermutet, dass die Geräte falsch eingestellt sind.

Hören Teil 2

44 Sie hören vier Gespräche. Welcher der Sätze a–f passt am besten zu welchem Gespräch?
Markieren Sie Ihre Lösungen für die Aufgaben 28–31 auf dem Antwortbogen.
Lesen Sie jetzt die Sätze a–f. Dazu haben Sie eine Minute Zeit. Danach hören Sie die Gespräche **einmal.**

28 ...
29 ...
30 ...
31 ...

- **a** Bei Videokonferenzen darf man nichts Privates besprechen.
- **b** Bei Videokonferenzen gibt es oft technische Probleme.
- **c** Homeoffice lässt sich mit Familie nicht gut vereinbaren.
- **d** Im Homeoffice kann man sich gut auf die Arbeit konzentrieren.
- **e** Videokonferenzen sind effizienter als Teamsitzungen im Büro.
- **f** Wenn man im Homeoffice arbeitet, kann man seine Zeit flexibel gestalten.

Hören Teil 3

Sie hören gleich eine Präsentation. Dazu gibt es vier Aufgaben. Welche Lösung (a, b oder c) passt jeweils am besten? **45**
Markieren Sie Ihre Lösungen für die Aufgaben 32–35 auf dem Antwortbogen.
Lesen Sie jetzt die Aufgaben. Dazu haben Sie eine Minute Zeit.
Danach hören Sie die Präsentation **einmal.**

Kurs für Sicherheitsbeauftragte

Beispiel: Heute wird der Kurs für Sicherheitsbeauftragte

a die Teilnehmenden über Arbeitsschutz informieren.
b online stattfinden.
c von Frau Haddad geleitet.

Schließsysteme

32 Mitarbeiterinnen und Mitarbeiter

a dürfen sich gegenseitig die Schlüssel ausleihen.
b haben mehrere Schlüssel für unterschiedliche Türen.
c müssen die Außentür beim Verlassen zusperren.

Brandschutz

33 Die Fluchtwege

a dürfen mit kleineren Gegenständen verstellt sein.
b gehen von den Brandschutztüren weg.
c sind auf Plänen eingezeichnet.

Im Brandfall

34 Im Brandfall müssen die Sicherheitsbeauftragten

a die Fenster in ihrem Büro schließen.
b die Personenanzahl vor dem Verlassen kontrollieren.
c schnellstmöglich die Feuerwehr informieren.

Bei Unfällen

35 Ein Erste-Hilfe-Kasten

a beinhaltet Adressen von Ärztinnen und Ärzten.
b enthält keine Schmerztabletten.
c muss alle sechs Monate überprüft werden.

Hören Teil 4

46

Sie hören fünf telefonische Mitteilungen. Zu jeder Mitteilung gibt es eine Aufgabe.
Welche Lösung (a, b oder c) passt am besten? Markieren Sie Ihre Lösungen für die Aufgaben 36–40 auf dem Antwortbogen.
Sie hören jede Mitteilung **einmal.**

36 Torsten Hellwig informiert einen Kunden, dass

- **a** die Kupplung seines Autos kaputt ist.
- **b** ein weiteres Problem gefunden worden ist.
- **c** er das Auto erst morgen bringen soll.

37 Vanessa

- **a** braucht eine Mitfahrgelegenheit.
- **b** hat ein Ticket für die Bahn.
- **c** kann noch Kollegen mitnehmen.

38 Ali ruft an, weil Stefan

- **a** ein Geschenk besorgen soll.
- **b** in drei Tagen seinen Abschied feiert.
- **c** noch kein Geld bezahlt hat.

39 Cornelias Kolleginnen sollen

- **a** Deko für die Torte bestellen.
- **b** die Torte fertigstellen.
- **c** Fotos von der Torte schicken.

40 Eugenia weiß nicht,

- **a** ob die Kollegen Schwierigkeiten mit dem Azubi haben.
- **b** wie sie mit dem Auszubildenden umgehen soll.
- **c** worüber sich die Kunden beschweren.

Hören und Schreiben

Sie hören eine telefonische Mitteilung. Informieren Sie Ihre Kollegin. Notieren Sie die Informationen auf dem Antwortbogen. 47
Sie hören die Mitteilung **einmal.**

41 Grund für den Anruf

Wählen Sie die richtige Lösung (a, b oder c). Markieren Sie auf dem Antwortbogen.

a Angebot
b Bestellung/Buchung
c Beschwerde

42–45 Notizen schreiben

Schreiben Sie Name, Telefonnummer, weitere Informationen und tragen Sie im Feld „zu erledigen“ ein, was zu erledigen ist.

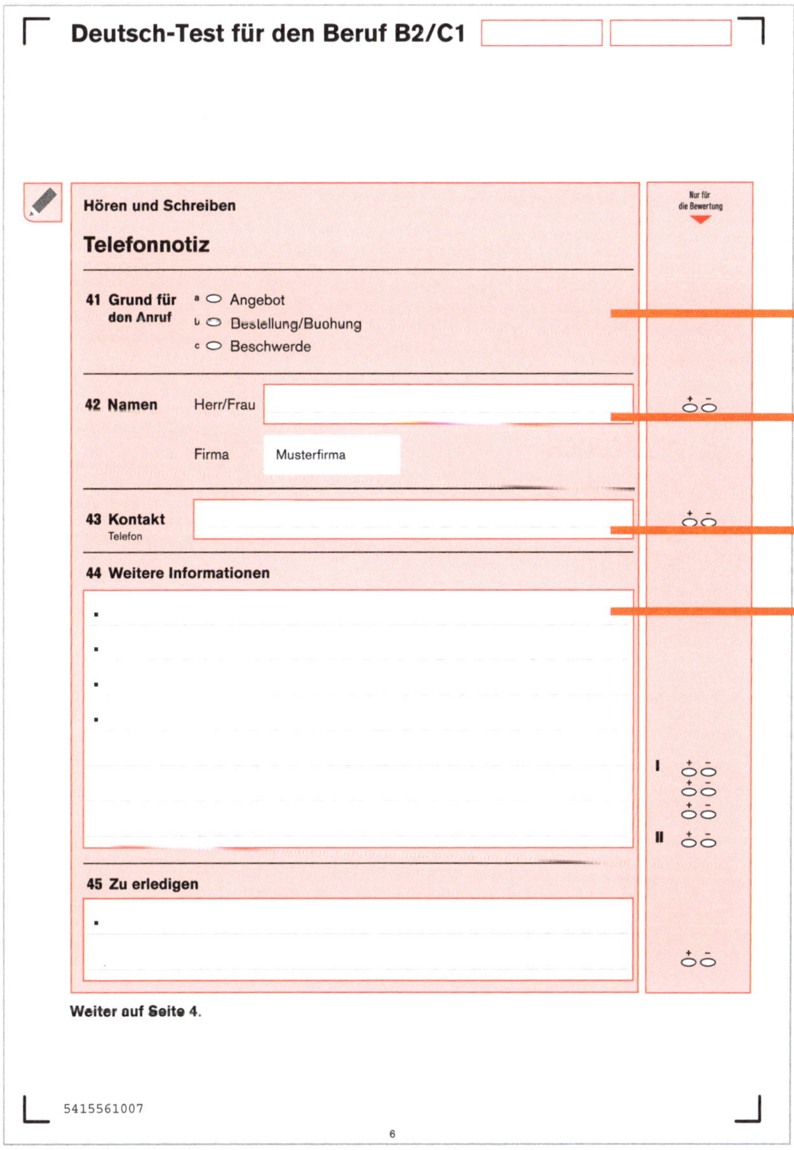

Deutsch-Test für den Beruf B2/C1

Hören und Schreiben

Telefonnotiz

41 Grund für den Anruf
a ○ Angebot
b ○ Bestellung/Buchung
c ○ Beschwerde

42 Namen
Herr/Frau
Firma: Musterfirma

43 Kontakt
Telefon

44 Weitere Informationen
-
-
-
-

45 Zu erledigen
-

Nur für die Bewertung

Weiter auf Seite 4.

5415561007

6

Notieren Sie direkt auf dem Antwortbogen, Seite 6.

Sprachbausteine Teil 1

Lesen Sie den folgenden Text. Welche Wörter a–j passen am besten in die Lücken 46–51?
Sie können jedes Wort im Kasten nur einmal verwenden. Nicht alle Wörter passen in den Text.
Markieren Sie Ihre Lösungen auf dem Antwortbogen.

Betreff: Bewerbung _____ 46 _____ die Ausbildung zum IT-System-Elektroniker bei „FSM“

Sehr geehrter Herr Dr. Winterhalder,

seit Jahren interessiere ich mich nicht nur für die Arbeit mit EDV-Programmen, _____ **47** _____ auch für Elektronik. Dieses Interesse zeigt sich auch in meinen guten Noten in Informatik und Physik.
Mein Praktikum zur Berufsorientierung habe ich bei der Holister GmbH in Goslar absolviert, _____ **48** _____ ich zwei Wochen lang die IT-System-Elektroniker des Unternehmens begleiten durfte. Diese Arbeit hat mir gut gefallen und man war mit meiner Leistung sehr zufrieden, _____ **49** _____ Sie dem Praktikumszeugnis entnehmen können.
Auf der Job-Messe vergangene Woche habe ich Ihr Unternehmen kennengelernt und das Gespräch mit Ihnen hat mich nachhaltig beeindruckt und in dem Wunsch bestärkt, meine Ausbildung bei „FSM“ zu absolvieren. _____ **50** _____ bewerbe ich mich bei Ihnen.
Gern überzeuge ich Sie von meiner Motivation und Eignung persönlich. _____ **51** _____ einen Terminvorschlag zum Bewerbungsgespräch freue ich mich.

Mit freundlichen Grüßen
Kevin Taylor

a	DABEI	**e**	JEDOCH	**i**	WIE
b	DAHER	**f**	SOWOHL	**j**	WO
c	UM	**g**	SONDERN		
d	INDEM	**h**	ÜBER		

Sprachbausteine Teil 2

Lesen Sie den folgenden Text. Welcher Ausdruck (a, b oder c) passt am besten in die Lücken 52–57? Markieren Sie Ihre Lösungen auf dem Antwortbogen.

Betreff: Anfrage: Wanderkleidung

Sehr geehrte Damen und Herren,

____**52**____ Herstellern von Funktions- und Sportkleidung sind wir auf der Hannover Messe auf Ihr Unternehmen aufmerksam geworden. Wir sind ein führendes Einzelhandelsgeschäft für Sport- und Freizeitzubehör in Hildesheim. ____**53**____ Ihrem Sortiment an Wanderkleidung für Damen und Herren. In diesem Segment verzeichnen wir derzeit eine stark ____**54**____ bei unseren Kunden.
Uns überzeugt besonders, dass Sie nachhaltig fertigen und auf faire Arbeitsbedingungen, hochwertige Materialien und gleichbleibend ____**55**____ Wert legen. Das ist uns ebenfalls sehr wichtig.
Wir würden uns sehr freuen, wenn Sie uns unverbindlich entsprechendes Katalogmaterial sowie Textilmuster zukommen lassen würden. Für die Zusendung aktueller Preislisten sowie Ihrer Liefer- und Zahlungsbedingungen ____**56**____.
____**57**____ wenden Sie sich bitte direkt an mich.

Mit freundlichen Grüßen
Claudia Brinkmann
Lulea Sport

52 **a** auf der Suche nach
b in der Recherche zu
c mit Interesse von

53 **a** Unsere ganze Aufmerksamkeit schenkt
b Unser besonderes Interesse gilt
c Unser spezieller Wunsch entspricht

54 **a** laufende Frage
b entsprechende Anfrage
c steigende Nachfrage

55 **a** derzeitiges Niveau
b gute Qualität
c internationalen Standard

56 **a** hätten wir natürlich Verständnis
b entscheiden wir uns gern
c wären wir Ihnen dankbar

57 **a** Auf Nachfrage
b Bei Rückfragen
c Mit Antworten

Schreiben

58 Wählen Sie eines der folgenden Themen.
In Ihrer Firma können sich alle Mitarbeiterinnen und Mitarbeiter in einem Forum miteinander über Neuigkeiten austauschen. Schreiben Sie einen Forumsbeitrag zu Thema A oder B.
Begründen Sie Ihre Meinung und nennen Sie passende Beispiele. Gliedern Sie Ihren Text in sinnvolle Abschnitte.

Thema A: „Weiterbildung am Wochenende“
Fachliche Weiterbildungen sollen in Zukunft nicht mehr während der Arbeitszeit, sondern nur noch am Wochenende stattfinden. Dafür werden auch Kosten für nicht verpflichtende Fortbildungen übernommen.

oder

Thema B: „Aktive Mittagspause“
Alle Mitarbeiterinnen und Mitarbeiter sollen die Möglichkeit haben, in der Mittagspause Fitnesskurse zu besuchen. Deshalb wird die Pausenzeit um 30 Minuten verlängert, dafür muss man abends 30 Minuten länger arbeiten.

Schreiben Sie direkt auf den Antwortbogen, Seite 7.

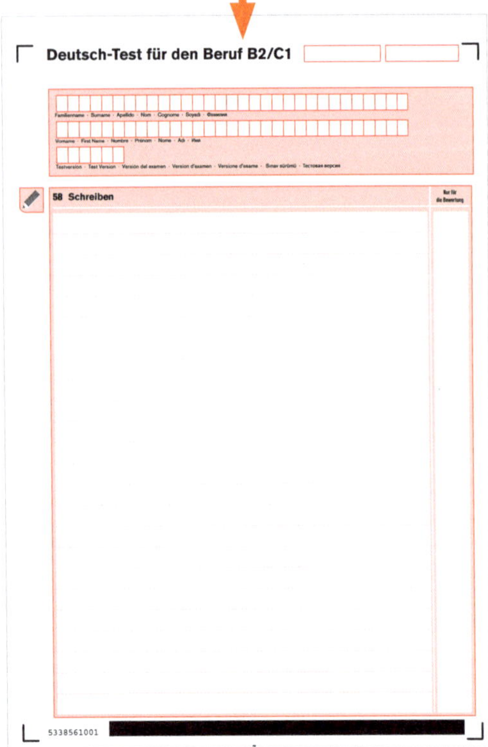
Deutsch-Test für den Beruf B2/C1

58 Schreiben

5338561001

Platz für Notizen

Mündliche Prüfung

Teilnehmer/in A und B

Teil 1A Über ein Thema sprechen (ca. 2 Minuten pro TN)

Wählen Sie ein Thema aus und sprechen Sie ca. zwei Minuten darüber. Zeigen Sie, was Sie können.

Den Teilnehmern werden jeweils zwei der folgenden acht Themen angeboten:

1. Beschreiben Sie **einen Arbeitgeber,** für den Sie gearbeitet haben oder arbeiten möchten (z. B. Branche, Produkte und Dienstleistungen, Abteilungen und ihre Aufgaben, Besonderheiten).

2. Beschreiben Sie, wie Sie sich ein **gutes Arbeitsumfeld** vorstellen (z. B. Jobsicherheit, Lohn / Gehalt, Karrierechancen, Kommunikation in der Firma, Beispiele aus Ihrer Berufserfahrung).

3. Beschreiben Sie **Ereignisse und Erfahrungen,** die Ihre **Berufswahl** beeinflusst haben (z. B. Stationen, wichtige Personen, Motivation, Folgen).

4. Beschreiben Sie **eine Person** aus Ihrem Umfeld, die für Sie ein **berufliches Vorbild** ist (z. B. Beziehung zu dieser Person, Eigenschaften, Einfluss auf Sie).

5. Beschreiben Sie das **Vorgehen bei der Arbeitssuche** für ein Land Ihrer Wahl (z. B. Angebote finden, Erstkontakt, Bewerbungsunterlagen oder -gespräch).

6. Beschreiben Sie, worauf es bei einem **Bewerbungsgespräch** ankommt. Sprechen Sie über ein Land Ihrer Wahl (z. B. Berufsfeld, Vorbereitung, Kleidung, typische Fragen).

7. Beschreiben Sie **ein Produkt / eine Dienstleistung** Ihrer Wahl (z. B. Merkmale, Nutzen für Kunden, Vor- und Nachteile, Erfolg).

8. Sie möchten sich **selbstständig** machen. Beschreiben Sie Ihre **Geschäftsidee** (z. B. welches Produkt / welche Dienstleistung, Besonderheiten, Zielgruppe).

Teil 1B Prüferfragen (ca. 2 Minuten pro TN)

Im Anschluss an Ihre Ausführungen stellt Ihnen die Prüferin bzw. der Prüfer Fragen. Während Sie sprechen, macht sich Ihre Gesprächspartnerin bzw. Ihr Gesprächspartner Notizen.

Teil 1C Erläuterung eines Aspekts (ca. ½ Minute pro TN)

Die zweite Prüferin / der zweite Prüfer bittet Ihre Gesprächspartnerin bzw. Ihren Gesprächspartner, einen Aspekt aus Ihren Antworten zu erläutern. Zum Beispiel mit diesen Worten: „TN A / B hat über … gesprochen. Das habe ich leider nicht ganz verstanden. Können Sie mir das noch einmal erläutern?“

Teilnehmer/in A und B

Teil 2 Mit Kolleginnen und Kollegen sprechen (ca. 3 Minuten)

Wir arbeiten bald alle in einem Großraumbüro.
Ich stelle mir das nicht so angenehm vor.
Was meinst du?

1

Ich bringe mir häufig Essen von zu Hause mit und bleibe an meinem Schreibtisch. Wie verbringst du normalerweise deine Mittagspause?

2

Teilnehmer/in A und B

Teil 3 Lösungswege diskutieren (ca. 4 Minuten)

Situation

Sie arbeiten in einem Seniorenwohnheim. Der Essenslieferdienst fällt für drei Wochen aus, da mehrere Mitarbeiter erkrankt sind. Nun müssen die Mahlzeiten für die Bewohner vom Personal selbst organisiert werden.

Aufgabe

Überlegen Sie zusammen mit Ihrer Gesprächspartnerin oder Ihrem Gesprächspartner, wie Sie in dieser Situation angemessen reagieren.

Diese Stichpunkte helfen Ihnen:

Menüplan: welche Gerichte?

Vorbereitung:
welche Lebensmittel? wo einkaufen?

Bewohner:
worauf achten? welche Allergien / Krankheiten?

Personal:
Wer übernimmt welche Aufgaben?

...?

Auf den nachfolgenden Seiten erhalten Sie Informationen

- zu den Bewertungskriterien der Subtests *Schreiben* und *Sprechen*,
- zum Ablauf der gesamten Prüfung sowie
- zu den Punkten und der Gewichtung der Prüfung.

Bewertungskriterien „Schreiben“

Die beiden Schreibleistungen zu *Lesen und Schreiben* und *Schreiben* werden mit den hier festgehaltenen inhaltlichen und sprachlichen Bewertungskriterien bewertet. Die Bewertung der inhaltlichen Angemessenheit erfolgt separat für die beiden Schreibleistungen und würdigt die Bearbeitung in Bezug auf die Aufgabenstellung. Die sprachliche Angemessenheit umfasst die kommunikative Gestaltung, die formale Richtigkeit und das Spektrum der sprachlichen Mittel als übergreifende Bewertung beider Leistungen. Die Kriterien lehnen sich eng an die Lernziele für einen Basisberufssprachkurs mit dem Ziel B2 (siehe Lernzielkatalog) und den *Gemeinsamen europäischen Referenzrahmen für Sprachen* an.

Im Teil *Hören und Schreiben* werden vier Aspekte als richtig oder falsch bewertet. Die folgenden Kriterien gelten daher nicht für diesen Teil.

Inhaltliche Angemessenheit

I Kommunikatve Aufgabenbewältigung

Sprachliche Angemessenheit

II Kommunikative Gestaltung

III Formale Richtigkeit

IV Spektrum sprachlicher Mittel

Inhaltliche Angemessenheit

	A	B	C	D
Kriterium I Kom. Aufgabenbewältigung	Setzt die Aufgabe entsprechend der Situierung am Arbeitsplatz und dem angezielten Niveau **voll adäquat** um. Schreibt die Adressaten angemessen und mit dem passenden Grad an Formalität an.	Setzt die Aufgabe entsprechend der Situierung am Arbeitsplatz und dem angezielten Niveau **überwiegend adäquat** um. Schreibt die Adressaten meistens angemessen und mit dem passenden Grad an Formalität an.	Setzt die Aufgabe entsprechend der Situierung am Arbeitsplatz und dem angezielten Niveau **nur teilweise adäquat** um. Schreibt die Adressaten nicht immer angemessen und mit dem passenden Grad an Formalität an.	Setzt die Aufgabe entsprechend der Situierung am Arbeitsplatz und dem angezielten Niveau **nicht adäquat** um. Schreibt die Adressaten nur bedingt angemessen und mit dem passenden Grad an Formalität an.

Sprachliche Angemessenheit

	B2 gut erfüllt	B2 erfüllt	B1 erfüllt	A2 oder darunter
Schreib-leistung liegt …	… im oberen Bereich des Zielniveaus.	… auf dem Zielniveau.	… auf der Stufe unterhalb des Zielniveaus.	… zwei Stufen oder mehr unter dem Zielniveau.
Kriterium II Kom. Gestaltung	Schreibt einen **weitestgehend klaren, zusammenhängenden** arbeitsplatzbezogenen Text. Verwendet verschiedene Verknüpfungsmittel sinnvoll, um inhaltliche Beziehungen deutlich zu machen.	Schreibt einen **weitgehend klaren, zusammenhängenden** arbeitsplatzbezogenen Text. Verwendet eine begrenzte Anzahl von Verknüpfungsmitteln, um Äußerungen zu einem klaren, zusammenhängenden Beitrag zu verbinden.	Schreibt einen **einfachen, zusammenhängenden** Text zu grundlegenden arbeitsplatzbezogenen Sachverhalten. Verbindet eine Reihe von kurzen und einfachen Einzelelementen zu einer linearen, zusammenhängenden Äußerung.	Schreibt einen **einfachen Text** zu ganz grundlegenden arbeitsplatzbezogenen Sachverhalten. Benutzt die häufigsten Konnektoren, um einige einfache Sätze und Wortgruppen miteinander zu verbinden. – Oder liegt unter diesem Niveau.
Kriterium III Formale Richtigkeit	Verwendet **einfache sowie die meisten komplexeren sprachlichen Strukturen weitgehend korrekt.** In komplexeren Strukturen kommt es manchmal zu Fehlern. Rechtschreibung und Zeichensetzung sind weitgehend korrekt.	Verwendet **einfache sowie einige komplexere sprachliche Strukturen weitgehend korrekt.** In komplexeren Strukturen kommt es zu Fehlern. Rechtschreibung und Zeichensetzung sind hinreichend korrekt.	Verwendet eine Reihe geläufiger Formen und Wendungen **in vertrauten Situationen ausreichend korrekt.** Fehler kommen vor, aber es bleibt weitestgehend klar, was ausgedrückt werden soll. Rechtschreibung, Zeichensetzung und Gestaltung sind so exakt, dass man den Text meistens verstehen kann.	Verwendet **einige einfache Strukturen korrekt,** macht aber noch systematisch elementare Fehler. Es wird weitgehend klar, was ausgedrückt werden soll. Die Rechtschreibung ist häufig phonetisch. – Oder liegt unter diesem Niveau.
Kriterium IV Spektrum sprachl. Mittel	Setzt ein **breites Spektrum sprachlicher Mittel** ein, um sich auch zu komplexeren Sachverhalten zu äußern. Variiert Formulierungen häufig; Lücken im Wortschatz können vereinzelt zu Umschreibungen führen. Verwendet einige komplexe Satzstrukturen.	Setzt ein **hinreichend breites Spektrum sprachlicher Mittel** ein, um sich auch zu komplexeren Sachverhalten zu äußern. Variiert Formulierungen; Lücken im Wortschatz können dennoch zu Umschreibungen führen. Verwendet einige komplexe Satzstrukturen.	Setzt **genügend sprachliche Mittel ein, um zurechtzukommen.** Der Wortschatz reicht aus, um einige Aspekte eines Gedankens zu erklären und eigene Überlegungen auszudrücken. Verwendet überwiegend einfache Satzstrukturen.	Setzt **kurze gebräuchliche Ausdrücke** ein, um einfache, konkrete Bedürfnisse zu erfüllen. Zeigt in routinemäßigen Situationen einen ausreichenden Wortschatz. Verwendet einfache Satzmuster, Wortgruppen und Redeformeln. - Oder liegt unter diesem Niveau.

Nach diesen Kriterien wurden auch die beiden authentischen Schreibleistungen in den Lektionen 5 und 13 bewertet. Auf der nächsten Seite finden Sie die Bewertung und den Kommentar zur Begründung der Bewertung.

Bewertung Schreibleistung 1 (Lesen und Schreiben Teil 2 und **Schreiben)**

Lesen und Schreiben Teil 2	**I** Kom. Aufgabenbewältigung	Im Großen und Ganzen der Situierung am Arbeitsplatz und dem Niveau entsprechend, jedoch nur knappe Angaben, noch nicht ausreichend klar und nicht ausführlich genug. Alle Punkte aus der E-Mail der Teamleiterin wurden umgesetzt. Der Adressat wird angemessen und mit dem passenden Grad an Formalität angeschrieben.	B
Schreiben	**I** Kom. Aufgabenbewältigung	Die Aufgabe wurde der Situierung am Arbeitsplatz und dem Niveau entsprechend angemessen realisiert, enthält auch detaillierte Angaben. Aufgabenstellung verstanden, der Text ist schlüssig und es gibt keine Lücken. Die TN benutzt die richtige Textsorte und der Text ist adressatengerecht.	A
aufgabenübergreifende Bewertung	**II** Kom. Gestaltung	Es gelingt, weitgehend zusammenhängende, arbeitsplatzbezogene Texte zu verfassen. Der Beitrag im Subtest *Lesen und Schreiben* erfordert allerdings an wenigen Stellen Kooperation, daher ist insgesamt eine Bewertung mit A noch nicht möglich.	B
	III Formale Richtigkeit	Es werden komplexere sprachliche Strukturen verwendet. Dabei unterlaufen mehrere Fehler, insbesondere im Subtest *Lesen und Schreiben,* die aber das Verständnis nicht stark beeinträchtigen.	B
	IV Spektrum sprachlicher Mittel	Trotz einiger Fehler im Ausdruck entsprechen die Schreibleistungen insgesamt dem Zielniveau im beruflichen Kontext.	B

Insgesamt erhält die TN in der Bewertung 40 von 48 möglichen Punkten. Zum Teilergebnis *Schreiben* addieren sich noch die Leistungen von den Subtests *Hören und Schreiben Teil 2* sowie *Sprachbausteine Teil 1 und Teil 2.* (s. Abschnitt Ermittlung des Teilergebnisses Schreiben).

Bewertung Schreibleistung 2 (Lesen und Schreiben Teil 2 und **Schreiben)**

Lesen und Schreiben Teil 2	**I** Kom. Aufgabenbewältigung	Der Text ist sehr kurz gehalten und beinhaltet nur knappe Angaben. Der Punkt „Lösungsvorschlag" aus der E-Mail der Teamleiterin wird nicht behandelt. Der Adressat wird überwiegend adäquat und mit dem passenden Grad der Formalität angeschrieben. Die Fehler bei der Kleinschreibung der Höflichkeitspronomen fließen in die Bewertung in Kriterium III (Formale Richtigkeit) ein.	B
Schreiben	**I** Kom. Aufgabenbewältigung	Der Text hat noch keinen ausreichend klaren Bezug zur Arbeitswelt, die Situierung am Arbeitsplatz wird aber noch überwiegend adäquat umgesetzt. Die Adressaten werden angemessen angesprochen.	B
aufgabenübergreifende Bewertung	**II** Kom. Gestaltung	Es gelingen bereits zusammenhängende, weitgehend klare, arbeitsplatzbezogene Beiträge, an einigen Stellen wird jedoch durch einige Missgriffe der Lesefluss gestört. Die eingesetzten Verknüpfungsmittel sind im berufsbezogenen Kontext bereits dem Zielniveau angemessen.	B
	III Formale Richtigkeit	Mehrere Fehler stören den Lesefluss, dazu gehören kleingeschriebene Possessivpronomen, falsche Konjugation und Deklination. Dadurch wird auch das Textverständnis gestört, insbesondere im Subtest *Lesen und Schreiben.* Es wird aber weitgehend klar, was ausgedrückt werden soll.	C
	IV Spektrum sprachlicher Mittel	Es werden bereits genügend sprachliche Mittel eingesetzt, um einige Aspekte zu bearbeiten, aber für das Zielniveau wird noch kein ausreichender Wortschatz im beruflichen Kontext aufgezeigt.	C

Insgesamt erhält der TN in der Bewertung 29,5 von 48 möglichen Punkten. Zum Teilergebnis *Schreiben* addieren sich noch die Leistungen von den Subtests *Hören und Schreiben Teil 2* sowie *Sprachbausteine Teil 1 und Teil 2*. (s. Abschnitt Ermittlung des Teilergebnisses Schreiben).

Bewertungskriterien „Sprechen"

Im Subtest *Sprechen* wird die mündliche Leistung nach vier Kriterien bewertet. Im Kriterium Aufgabenbewältigung wird beurteilt, ob die Aufgabe niveaugerecht inhaltlich realisiert ist. Die Kriterien Aussprache und Intonation, formale Richtigkeit und Spektrum sprachlicher Mittel erfassen die sprachliche Umsetzung der Aufgabe. Der Subtest *Sprechen* besteht aus mehreren Teilaufgaben. Kriterium I (Aufgabenbewältigung) wird in allen Teilaufgaben separat bewertet. Kriterien II bis IV beziehen sich dagegen auf die Leistung, die die Teilnehmerin bzw. der Teilnehmer während der gesamten mündlichen Prüfung zeigt.

Die Kriterien lehnen sich eng an die Lernziele für einen Basisberufssprachkurs mit dem Ziel B2 (siehe Lernzielkatalog) und den *Gemeinsamen europäischen Referenzrahmen für Sprachen* an.

Inhaltliche Angemessenheit

I Kommunikative Aufgabenbewältigung

Sprachliche Angemessenheit

II Aussprache und Intonation

III Formale Richtigkeit

IV Spektrum sprachlicher Mittel

Inhaltliche Angemessenheit

	A	B	C	D
Kriterium I Kom. Aufgabenbewältigung	Setzt die Aufgabe entsprechend der Situierung am Arbeitsplatz und dem angezielten Niveau **voll adäquat** um. Spricht die Adressaten angemessen und mit dem passenden Grad an Formalität an. Die Äußerungen sind flüssig.	Setzt die Aufgabe entsprechend der Situierung am Arbeitsplatz und dem angezielten Niveau **überwiegend adäquat** um. Spricht die Adressaten meistens angemessen und mit dem passenden Grad an Formalität an. Die Äußerungen sind weitgehend flüssig.	Setzt die Aufgabe entsprechend der Situierung am Arbeitsplatz und dem angezielten Niveau **nur teilweise adäquat** um. Spricht die Adressaten meistens angemessen und im passenden Register an. Drückt sich nicht mühelos spontan aus; Stockungen kommen mehrfach vor.	Setzt die Aufgabe entsprechend der Situierung am Arbeitsplatz und dem angezielten Niveau **nicht adäquat** um. Spricht die Adressaten oft nicht angemessen, mit dem passenden Grad an Formalität an. Stockt häufig und muss neu ansetzen.

Sprachliche Angemessenheit

	B2 gut erfüllt	B2 erfüllt	B1 erfüllt	A2 oder darunter
Leistung liegt ...	... im oberen Bereich des Zielniveaus.	... auf dem Zielniveau.	... auf der Stufe unterhalb des Zielniveaus.	... zwei Stufen oder mehr unter dem Zielniveau.
Kriterium II Kom. Gestaltung	Die Aussprache ist **weitestgehend klar,** natürlich und **kaum akzentgefärbt.** Die Intonation ist weitestgehend korrekt.	Die Aussprache ist **weitgehend klar,** natürlich und **wenig akzentgefärbt.** Die Intonation ist weitgehend korrekt.	Die Aussprache ist **weitestgehend verständlich,** wenn auch **deutlich akzentgefärbt.** Die Intonation unterstützt das Gesagte im Allgemeinen.	Die Aussprache ist **grundsätzlich verständlich,** jedoch so **stark akzentgefärbt,** dass Rückfragen immer wieder nötig sind. Satz- und Wortakzent unterstützen das Gesagte teilweise.
Kriterium III Formale Richtigkeit	Verwendet **einfache sowie die meisten komplexeren sprachlichen Strukturen weitgehend korrekt.** In komplexeren Strukturen kommt es manchmal zu Fehlern. Korrigiert eigene Fehler und Versprecher oft selbst.	Verwendet **einfache sowie einige komplexere sprachliche Strukturen weitgehend korrekt.** In komplexeren Strukturen kommt es zu Fehlern. Korrigiert einige eigene Fehler und Versprecher selbst.	Verwendet ein Repertoire von **häufig verwendeten Formen und Wendungen in vertrauten Situationen ausreichend korrekt.** Fehler kommen vor, aber es bleibt weitestgehend klar, was ausgedrückt werden soll. Setzt bei Problemen neu an.	Verwendet **einige einfache Strukturen korrekt,** macht aber noch systematisch elementare Fehler. Es wird weitgehend klar, was ausgedrückt werden soll.
Kriterium IV Spektrum sprachl. Mittel	Verfügt über ein **breites Spektrum sprachlicher Mittel,** um sich auch zu komplexeren Sachverhalten zu äußern. Kann Formulierungen variieren; Lücken im Wortschatz können vereinzelt zu Zögern und Umschreibungen führen. Verwendet auch komplexe Satzstrukturen.	Verfügt über ein **hinreichend breites Spektrum sprachlicher Mittel,** um sich auch zu komplexeren Sachverhalten zu äußern. Kann Formulierungen oft variieren; Lücken im Wortschatz können dennoch zu Zögern und Umschreibungen führen. Verwendet einige komplexe Satzstrukturen.	Verfügt über **genügend sprachliche Mittel, um zurechtzukommen.** Der Wortschatz reicht aus, um einige Aspekte eines Gedankens zu erklären und eigene Überlegungen auszudrücken. Verwendet überwiegend einfache Satzstrukturen.	Verfügt über **kurze gebräuchliche Ausdrücke,** um einfache, konkrete Bedürfnisse zu erfüllen. Verfügt in routinemäßigen Situationen über einen ausreichenden Wortschatz. Verwendet einfache Satzmuster, Wortgruppen und Redeformeln.

Ablauf der gesamten Prüfung

Schriftliche Prüfung

Die Schriftliche Prüfung dauert insgesamt 125 Minuten und besteht aus den Subtests *Lesen, Hören, Sprachbausteine* und *Schreiben.* Im unmittelbaren Anschluss an den Subtest *Lesen* stellen Prüfungsteilnehmende ihre kombinierten Fähigkeiten unter Beweis: *Lesen und Schreiben.* Gleichfalls wird im Anschluss an den Subtest *Hören* die Kombination *Hören und Schreiben* gefordert.

Vor Beginn der Prüfung füllen die Teilnehmerinnen und Teilnehmer alle Datenfelder des Antwortbogens S30 aus. Um Missverständnisse zu vermeiden, schreibt die Prüfungsaufsicht den Namen des Prüfungszentrums, die Datumsangabe sowie die vollständige Nummer der Testversion, die links unten auf dem Aufgabenheft S10 angegeben ist, an die Tafel. Die Prüfungsaufsicht informiert die Teilnehmenden, dass Hilfsmittel wie Wörterbücher, Handys oder sonstige elektronische Geräte nicht erlaubt sind und jeder Täuschungsversuch zum sofortigen Ausschluss von der Prüfung führen würde.

Nachdem die Teilnehmenden ihre persönlichen Daten auf dem Antwortbogen eingetragen haben, teilt die Prüfungsaufsicht die Aufgabenhefte aus. Ab diesem Moment stehen den Teilnehmenden 65 Minuten für die Subtests *Lesen* und *Lesen und Schreiben* zur Verfügung. Die Uhrzeit für Beginn und Ende dieses Prüfungsabschnitts sollte für alle Teilnehmenden gut sichtbar vermerkt werden.

Im Anschluss bearbeiten die Teilnehmerinnen bzw. Teilnehmer die Subtests *Hören* und *Hören und Schreiben.* Das Abspielen der Tonaufnahmen darf während der Subtests nicht unterbrochen werden. Nach den Subtests *Hören* und *Hören und Schreiben* sammelt die Prüfungsaufsicht Blatt 3 des Antwortbogens ein. Nun folgt der Subtest *Sprachbausteine und Schreiben.* Nach 35 Minuten sammelt die Prüfungsaufsicht alle übrigen Seiten des Antwortbogens ein.

Mündliche Prüfung

Die Mündliche Prüfung kann nur von zwei lizenzierten Prüferinnen bzw. Prüfern abgenommen werden. Die Prüfung ist als Paarprüfung konzipiert und dauert circa 16–17 Minuten.

Vor der Prüfung sollte ein Zeitplan erstellt werden, der für jeden Prüfungsdurchgang 20 Minuten vorsieht.

Was wird von den Teilnehmerinnen und Teilnehmern erwartet?

Die Teilnehmerinnen bzw. Teilnehmer sollten sich vor der Prüfung mit dem Ablauf der Mündlichen Prüfung vertraut machen. In **Teil 1A, Teil 1B** und **Teil 1C** stehen acht Themen zur Auswahl. In **Teil 1A** spricht Teilnehmer/in A circa zwei Minuten über ein Thema. Zur Auswahl stehen zwei der in diesem Übungstest angegebenen Themen. Im sich anschließenden **Teil 1B** beantwortet Teilnehmer/in A einige Fragen von Prüfer/in 1. Im unmittelbaren Fortgang wird Teilnehmer/in B in **Teil 1C** gebeten, einen Teilaspekt aus den Ausführungen von Teilnehmer/in A zu erläutern. Im Folgenden wird Teil 1A bis 1C mit Teilnehmer/in B durchgeführt.

In **Teil 2** sollen die beiden Teilnehmerinnen bzw. Teilnehmer miteinander ein informelles Pausengespräch führen. Impulse lenken das Pausengespräch zu einem Thema hin. Gesprächsthemen können Arbeitszeiten, Arbeitswege, Freizeitgestaltung, Sportaktivitäten, Kinderbetreuung oder diverse Themen sein, die typisch für informelle Gesprächssituationen mit einer berufsorientierten Einbettung sind.

In **Teil 3** sprechen die Teilnehmerinnen bzw. Teilnehmer über am Arbeitsplatz auftretende Probleme, deren Lösung angestrebt werden soll. Beispiele sind Kundenbeschwerden, falsche Lieferungen, Einarbeitung neuer Kollegen usw.

Was tun die Prüferinnen und Prüfer?

In allen Prüfungsteilen kommt es darauf an, dass die Teilnehmerinnen bzw. Teilnehmer ein möglichst natürliches Gespräch führen. Der gewünschte Gesprächsverlauf sollte durch die richtige Sitzordnung unterstützt werden. Vor allem in Teil 2 und 3 sollten sich die Teilnehmenden gegenseitig gut im Blick haben, damit sie möglichst wenig versucht sind, in Richtung der Prüfenden zu sprechen. Die Entfernung zwischen den Teilnehmenden und Prüfenden sollte so groß sein, dass das Gespräch zwischen den Teilnehmenden nicht von den Prüfenden, die währenddessen ihre Bewertung vornehmen, gestört wird.

Die Prüferinnen und Prüfer achten darauf, dass die Zeitvorgaben eingehalten werden, und leiten von einem Prüfungsteil zum nächsten über. Eine Prüferin bzw. ein Prüfer übernimmt die Rolle der Moderatorin bzw. des Moderators (Interlokutor). Die andere Prüferin bzw. der andere Prüfer hat die Rolle der Beobachterin bzw. des Beobachters (Assessor). Die Rollenverteilung zwischen Interlokutor und Assessor soll während des gesamten Prüfungsgesprächs beibehalten werden.

Die Prüferin bzw. der Prüfer, die/der als Interlokutor das Gespräch leitet, stellt den Teilnehmenden die zweite Prüferin bzw. den zweiten Prüfer und sich selbst vor. Danach erläutert sie / er kurz, dass die Mündliche Prüfung aus drei Teilen besteht. Sie/Er bittet die Teilnehmenden, sich kurz einander vorzustellen, und leitet dann zum ersten Teil der Prüfung über. Die Prüfenden achten darauf, dass die Teilnehmenden circa zwei Minuten über ihr Thema sprechen (Teil 1A) und noch genügend Zeit für Prüferfragen (Teil 1B) und das Aufgreifen eines Aspekts des Gesagten durch die andere Teilnehmerin bzw. den anderen Teilnehmer bleibt (Teil 1C).

Sollte das Gespräch aufgrund von Missverständnissen oder zu großen sprachlichen Defiziten an einem Punkt stocken oder abbrechen, greift der Interlokutor vorsichtig ein und bringt es wieder in Gang. Geeignet sind vor allem offene Fragen wie „Was genau meinen Sie damit?“, „Könnten Sie das näher erklären?“ oder auch das Wiederholen bzw. Aufgreifen von Aussagen der Teilnehmenden.

Die Prüfenden sollten vor allem darauf achten, dass die Teilnehmenden eigenständig formulieren und nicht auswendig gelernte Texte wiedergeben. Ein auswendig gelernter Redebeitrag lässt sich leicht enttarnen, denn der Redefluss und das Sprechtempo sind anders als beim natürlichen Sprechen. Auch die Satzmelodie und Betonungen sind monoton und oft werden falsche Sprechpausen gemacht.

Wenn die Teilnehmenden memorisierte Texte vortragen – z. B. in Teil 1A –, müssen die Prüfenden sie unterbrechen und durch gezielte Fragen den Prüfungsteil stärker steuern.

Ablauf Mündliche Prüfung Teil 1A, 1B und 1C

Teilnehmer/in A spricht in Teil 1A über ein Thema. In Teil 1B übernimmt eine Prüferin bzw. ein Prüfer den aktiven Teil und stellt einige Anschlussfragen. In Teil 1C bittet die zweite Prüferin bzw. der zweite Prüfer Teilnehmer/in B, einen Aspekt aus den Antworten zu den Anschlussfragen zu erläutern. Teilnehmer/in B gibt einige Erläuterungen zu diesem Teilaspekt.

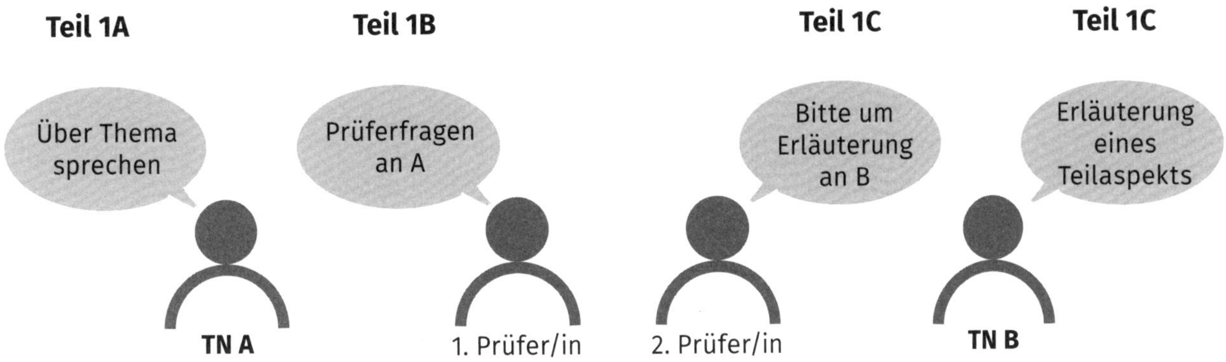

Beginnend mit Teilnehmer/in B wiederholt man den Ablauf der Teile 1A, 1B und 1C.

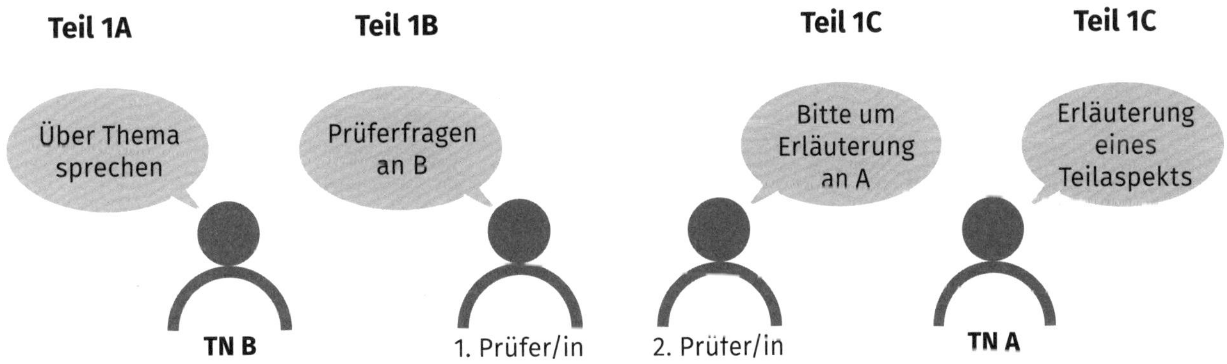

Punkte und Gewichtung

In der Prüfung *Deutsch-Test für den Beruf B2* können insgesamt 240 Punkte erreicht werden, die sich zu jeweils 25 Prozent auf die vier Fertigkeiten *Lesen*, *Hören*, *Schreiben* und *Sprechen* verteilen.

	Aufgaben	Items	Punkte pro Item	Punkte
Lesen	5	20	3	60
Hören	5	20	3	60
Schreiben	5			60
Sprechen	3			60
Total				240

Zu jeder Fertigkeit sind mehrere Aufgaben zu bearbeiten. Eine Besonderheit der Prüfung *Deutsch-Test für den Beruf B2* ist, dass es gemischte Aufgaben gibt, die sowohl die rezeptiven Fertigkeiten Lesen und Hören prüfen als auch die produktive Fertigkeit Schreiben. Die folgende Tabelle gibt einen Überblick über die Aufgaben- und Punkteverteilung:

Aufgabe	Fertigkeit	Item	Punkte	Summe
Lesen Teil 1	Lesen	1–5	5 × 3	15
Lesen Teil 2	Lesen	6–9	4 × 3	12
Lesen Teil 3	Lesen	10–13	4 × 3	12
Lesen Teil 4	Lesen	14–18	5 × 3	15
Lesen und Schreiben Teil 1	Lesen	19–20	2 × 3	6
Lesen und Schreiben Teil 2	Schreiben	21	7	7
Hören Teil 1	Hören	22–27	6 × 3	18
Hören Teil 2	Hören	28–31	4 × 3	12
Hören Teil 3	Hören	32–35	4 × 3	12
Hören Teil 4	Hören	36–40	5 × 3	15
Hören und Schreiben Teil 1	Hören	41	1 × 3	3
Hören und Schreiben Teil 2	Schreiben	42–45	6	6
Sprachbausteine Teil 1	Schreiben	46–51	6 × 0,5	3
Sprachbausteine Teil 2	Schreiben	52–57	6 × 0,5	3
Schreiben	Schreiben	58	14	14
Sprechen Teil 1A	Sprechen		5	5
Sprechen Teil 1B	Sprechen		5	5
Sprechen Teil 1C	Sprechen		2	2
Sprechen Teil 2	Sprechen		8	8
Sprechen Teil 3	Sprechen		10	10
aufgabenübergreifende Bewertung Kriterium II–IV	Schreiben			27
	Sprechen			30

Ermittlung des Teilergebnisses *Schreiben*

Der Subtest *Schreiben* setzt sich aus folgenden Aufgaben zusammen:

- **Lesen und Schreiben Teil 2**
- **Hören und Schreiben Teil 2**
- **Schreiben**
- **Sprachbausteine**

Die Bewertung erfolgt auf Grundlage von Kriterien oder bei weniger komplexen Aufgaben als Entscheidung darüber, ob die richtige Lösung gefunden wurde oder nicht.

Die erreichbaren Punktewerte setzen sich wie folgt zusammen:

<table>
<tr><th></th><th>Aufgabe</th><th>Item</th><th>Kriterium</th><th>A</th><th>B</th><th>C</th><th>D</th></tr>
<tr><td rowspan="6">nach Kriterien</td><td>Lesen und Schreiben Teil 2</td><td>21</td><td>Kriterium I</td><td>7</td><td>5</td><td>3</td><td>0</td></tr>
<tr><td>Schreiben</td><td>58</td><td>Kriterium I</td><td>14</td><td>10,5</td><td>5,5</td><td>0</td></tr>
<tr><td colspan="3"></td><td>B2 gut erfüllt</td><td>B2 erfüllt</td><td>B1 erfüllt</td><td>unter B1</td></tr>
<tr><td rowspan="3" colspan="2">aufgabenübergreifende Bewertung</td><td>Kriterium II</td><td>9</td><td>7</td><td>3,5</td><td>0</td></tr>
<tr><td>Kriterium III</td><td>9</td><td>7</td><td>3,5</td><td>0</td></tr>
<tr><td>Kriterium IV</td><td>9</td><td>7</td><td>3,5</td><td>0</td></tr>
</table>

<table>
<tr><th></th><th>Aufgabe</th><th>Item</th><th>Anzahl der Items</th><th>Punkte pro Item</th><th>Gesamt-punktzahl</th></tr>
<tr><td rowspan="4">richtig / falsch</td><td rowspan="3">Hören und Schreiben Teil 2</td><td>42–43</td><td>2</td><td>0,5</td><td>1</td></tr>
<tr><td>44</td><td>1</td><td>4</td><td>4</td></tr>
<tr><td>45</td><td>1</td><td>1</td><td>1</td></tr>
<tr><td>Sprachbausteine Teil 1 und 2</td><td>46–57</td><td>12</td><td>0,5</td><td>6</td></tr>
</table>

Ermittlung des Teilergebnisses *Sprechen*

Der Subtest *Sprechen* setzt sich aus folgenden Aufgaben zusammen:

- **Über ein Thema sprechen, Prüferfragen und Erläuterung eines Aspekts**
- **Mit Kolleginnen und Kollegen sprechen**
- **Lösungswege diskutieren**

Die erreichbaren Punktewerte setzen sich wie folgt zusammen:

	Aufgabe		Kriterium	**A**	**B**	**C**	**D**
nach Kriterien	1A	Über ein Thema sprechen	Kriterium I	5	3,5	2	0
	1B	Prüferfragen	Kriterium I	5	3,5	2	0
	1C	Erläuterung eines Aspekts	Kriterium I	2	1,5	1	0
	2	Mit Kolleginnen/ Kollegen sprechen	Kriterium I	8	6	3	0
	3	Lösungswege diskutieren	Kriterium I	10	7,5	4	0
				B2 gut erfüllt	**B2 erfüllt**	**B1 erfüllt**	**unter B1**
	aufgabenübergreifende Bewertung		Kriterium II	10	7,5	4	0
			Kriterium III	10	7,5	4	0
			Kriterium IV	10	7,5	4	0

Zum Bestehen der Prüfung müssen 60 Prozent der Gesamtpunkte erreicht werden (144 Punkte). Zudem müssen mindestens drei der vier Subtests *Lesen, Hören, Schreiben* und *Sprechen* ein Ergebnis über 60 Prozent aufweisen (36 Punkte); in einem Subtest kann eine schwächere Leistung ausgeglichen werden, sofern das erreichte Teilergebnis im Bereich zwischen 40 und 60 Prozent liegt.

Weitere Informationen zum Ablauf der Prüfung finden Sie in den Übungstests, die Sie auf unserer Webseite herunterladen oder bestellen können: **www.telc.net**